APROXIMACION FORMAL A LA NOVELISTICA DE VARGAS LLOSA

LIBROS DE

BOLSILLO

CASTO MANUEL FERNANDEZ

APROXIMACION
FORMAL A LA NOVELISTICA
DE VARGAS LLOSA

EDITORA NACIONAL
Generalísimo, 29 - Madrid

A mi amigo Angel Sánchez Rabadán.

PROLOGO DEL AUTOR

La obra de Vargas Llosa es, sin duda, una de las más leídas y estudiadas en nuestros días. La crítica tradicional ha encontrado en el carácter conflictivo de sus personajes y en la transparencia de los niveles socioculturales y políticos que los enmarcan amplio campo para desplegarse. Pero el sentido clásico de las historias de sus novelas se realiza en un discurso cuyos procedimientos distan de ser tradicionales. Julio Ortega señaló muy bien esta coexistencia de tradición y vanguardia: «En las novelas de Vargas Llosa hay un curioso amalgamiento de naturalismo y realismo poético, de psicología y esquematismo, de espacio tradicional y de tiempo conflictivo: de un mundo, en fin, que pertenece a la novela tradicional y de otro que pertenece a la última novela.»

Este trabajo renuncia de antemano a estudiar las relaciones entre la realidad peruana y el mundo representado en las novelas de Vargas Llosa, así como a aplicar criterios psicológicos o psicoanalíticos en el análisis de personajes y situaciones. La razón es simple: por un lado, la insuficiencia de nuestros conocimientos en las

9

áreas científicas citadas; por otro, una cuestión de orientación metodológica: en las páginas que siguen, el análisis se centra en la estructura narrativa, en la organización interna del relato, tratando de reconstituir su sistema particular. Esto significa que hemos tratado de eliminar nuestras interpretaciones e impresiones personales sobre las obras estudiadas. Lo cual no implica que rechacemos genéricamente las interpretaciones sobre la obra literaria, porque, si bien éstas aparecen inevitablemente teñidas de la personalidad y la posición ideológica del crítico, no es menos cierto que en ella se encardinan las sucesivas respuestas suscitadas por un mismo hecho literario a lo largo del tiempo. En cambio, sí mostramos nuestro desacuerdo cuando esas mismas interpretaciones pretenden ser definitivas o agotar de una vez por todas el hecho literario.

En palabras de Todorov, que distingue entre sentido e interpretación, «el sentido (o la función) de un elemento de la obra es su posibilidad de entrar en correlación con otros elementos de esta obra y con la obra en su totalidad»; y, según este mismo estudioso, «cada elemento de la obra tiene uno o varios sentidos (salvo que ella sea deficiente), de número limitado, y que es posible establecer de una vez para siempre».

Son estos presupuestos teóricos los que han guiado nuestros esfuerzos en este trabajo, aunque, como siempre suele suceder, la distancia entre lo intentado y lo conseguido sea superior a la esperada.

ENUNCIADO, ENUNCIACION Y SITUACION DEL DISCURSO

En cualquier hecho de lenguaje es posible siempre distinguir la parte propiamente lingüística, el enunciado, del acto en que ese enunciado se actualiza y queda asumido por un locutor particular en un momento y lugar determinados. El sentido preciso de un enunciado rara vez es captable a partir exclusivamente del enunciado. Las circunstancias que rodean al enunciado modifican, completan o indican el sentido preciso que el emisor quiere darle. Los gestos, las alusiones a los objetos presentes, la identidad del emisor y del receptor, la relación existente entre ellos, etcétera, constituyen elementos pertinentes para la captación global de sentido. Al conjunto de estas circunstancias se le suele denominar *situación del discurso*.

En el enunciado es posible distinguir también una serie de signos lingüísticos que sólo adquieren significación con relación a los interlocutores. Es el caso de los deícticos, cuyo sentido varía de una enunciación a otra. Por ejemplo, una frase como *ayer te vi pasar por aquí* presenta una serie de elementos (*ayer, te, aquí,* la primera persona singular que implica la forma

11

vi, la indicación temporal del verbo) cuyo sentido concreto sólo viene dado en relación con los interlocutores. Esta presencia en el enunciado de elementos lingüísticos, cuyos referentes sólo pueden ser determinados por la situación concreta que rodea al enunciado, es el proceso de enunciación.

Por lo que se refiere al enunciado escrito, literario, que es el que nos ocupa, la situación del discurso se presenta de la siguiente manera: el emisor, el escritor, está ausente; la situación en que su obra va a ser leída es tan indeterminada como el momento (entre el acto de la emisión y el acto de recepción puede transcurrir un tiempo imprevisible); finalmente, el lector es también indeterminado. La obra literaria aparece así como desnuda, sin el soporte que presta al enunciado la situación del discurso, siempre presente en la comunicación oral. El lenguaje es el encargado de cubrir esa ausencia, nada menos que la ausencia de la realidad. Esta cualidad y necesidad de la literatura de llenar un vacío, una ausencia de realidad, y de constituirse a sí misma como una realidad verbal autónoma no pertenece exclusivamente a la novela; aunque es, sin embargo, este género el que más necesita la presencia de los entornos o circunstancias.

El proceso narrativo consta siempre de, por lo menos, tres protagonistas: el narrador, el personaje y el lector (el relato en primera persona sólo disimula al narrador, que queda desdoblado, pero nunca ausente). La primera tarea que se le impone al narrador cuando se propone reproducir las palabras de un personaje, es hacer explícita, verbalizar, la identidad del sujeto de ese acto de habla reproducido en el enunciado de la novela, de manera que los deícticos que aparecen en el discurso directo del personaje tengan su referente designado. Es decir, el proceso

12

de enunciación del personaje queda representado en la novela. Pero, por lo general, no es suficiente esta representación verbal de los referentes de los deícticos para que el enunciado del personaje adquiera plena significación; la situación del discurso que rodea al personaje también debe ser verbalizada. El narrador tiene que crear, por tanto, una presencia verbal que sirva de fondo, que haga las veces de situación del discurso respecto a los discursos directos de los personajes.

Una cosa es contar un personaje y otra hacerlo hablar. En el contar hay en principio una perspectiva que abarca al personaje globalmente (aunque sólo sea la idea que el narrador tiene de él) y que tiende a hacerlo comprensible, o incomprensible si se quiere, pero a densificarlo, a caracterizarlo de alguna manera. En cambio, cuando el narrador se retira y deja hablar a un personaje del que sabemos poco o nada, la interpretación del enunciado se hace particularmente difícil. Esta es, sin duda, una de las razones que presionan sobre las novelas que comienzan «in medias res» para que se inicien con una escena especialmente sorprendente o tensa, capaz de retener la atención del lector y de compensar así la indeterminación inicial del personaje. La novela tradicional, por el contrario, solía dejar bien sentado quién era quien antes de dejarnos oír su *voz*, suministrando las explicaciones necesarias para eliminar cualquier ambigüedad que apareciera en el discurso de sus personajes.

1.1. LOS PERSONAJES NARRADORES

La lingüística no se ha ocupado demasiado de los aspectos de la significación que el proceso de enunciación presta al enunciado. Esto se debe a que el centro de sus especulaciones lo constituye, por lo general, el discurso oral, cuyos posibles contextos son, en principio, indeterminados y prácticamente infinitos. Sin embargo, parece claro que en el caso de la palabra escrita, requieren una atención especial. La crítica y los novelistas hace ya muchos años que tomaron clara conciencia del problema de las visiones en el relato, cuestión estrechamente vinculada al proceso de enunciación. La novelística de nuestro siglo ha sabido sacar un partido muy amplio de las posibilidades narrativas que encierra el proceso de enunciación. Pero sería conveniente diferenciar el caso en que la percepción de los acontecimientos viene dada a través de un personaje que, aunque cuente en pasado, no se separa del tiempo de lo relatado, de aquel otro en que el personaje está temporalmente distanciado y el tiempo desde el que narra se encuentra representado; porque en este segundo caso queda abierta, además de la posibilidad de irrumpir en el tiempo de lo relatado, la de introducir en la intriga general la situación del discurso que rodea al personaje narrador. Dicho de otro modo: cuando el narrador no está representado en el enunciado, su situación, el contexto desde el que supuestamente narra, no suele entrar a formar parte del relato; en cambio, si hay personaje narrador, la situación desde la que cuenta, el tiempo, los interlocutores, son potencialmente susceptibles de participar en la historia de la novela. Pensemos, por ejemplo, en un Decamerón formado por cuentos cuyas intrigas relacionaran a los personajes de unos cuentos con otros y que al mismo tiempo formaran parte de una intriga general en la que participaran los personajes narradores que se han reunido huyendo de la peste.

Esta posibilidad de incluir en la intriga general a los personajes narradores y las situaciones y tiempos que crean sus relatos, ha sido especialmente aprovechada por Vargas Llosa en sus novelas. Sin pretender, ni mucho menos, hacer un análisis exhaustivo de sus posibilidades como procedimiento, trataremos de examinar los modos en que estos relatos parciales se articulan con la intriga general y las modificaciones de sentido que producen los contextos y los procesos de enunciación en el enunciado novelesco.

1.2. LOS PROCESOS DE ENUNCIACIÓN Y LOS PERSONAJES NARRADORES

En «Conversación en la Catedral» (en adelante, CC), ciertos pasajes de temática diversa (historia pre-política de Cayo Bermúdez, manifestación a favor de Odría en la Plaza de Armas, la concentración de mujeres en el Porvenir, las esperas de Ludovico y Ambrosio frente a la casa de San Miguel) están narradas desde la perspectiva de Ambrosio. Aunque la narración alterna el estilo directo, el indirecto y el indirecto libre, se respeta siempre la visión y el lenguaje de Ambrosio. El destinatario de esos relatos, el interlocutor, es don Fermín, designado por Ambrosio mediante el vocativo *don*. Nunca se menciona desde estos relatos el contexto en que tienen lugar estas narraciones. Ya bastante avanzada la novela, se le hace saber al lector la relación homosexual que existe entre Ambrosio y Fermín, los dos interlocutores. Con independencia del valor de este hecho en la conformación de la intriga general, la relación entre ambos posee un valor suplementario como elemento del proceso de enunciación de lo contado anteriormente por Ambrosio. Así, el sentido de ciertos enunciados como

15

«... *Ambrosio y Ludovico miraban las sillas voladoras, ¿cojonudo como se les levantaba la falda a las mujeres? No, don, ni se veía, había poquita luz*» (I-278).

«*Gracias a las ocurrencias de Ludovico la espera se les hacía menos aburrida, don. Que su boquita, que sus labios, que las estrellitas de sus dientes, que un cuerpo para sacudir a los muertos de sus tumbas: parecía templado de la señora, don ... ¿Y a él le pasaba lo mismo? No, Ambrosio escuchaba las cosas de Ludovico y se reía, no más, él no decía nada de la señora, ... ¿las otras, don? ¿Que si la señorita Queta tampoco le parecía gran cosa? Tampoco, don ...*» (I-349).

queda modificado cuando el lector conoce la relación homosexual de los interlocutores y las relaciones que Ambrosio mantiene con Queta.

Por otro lado, el lugar donde se desarrollan estas conversaciones y la relación entre ambos viene dado por Ambrosio en una de sus conversaciones con Queta:

«—*Es algo de dar pena* —susurró Ambrosio—. *A mí me da, a él también. Usted se cree que eso pasa cada día. No, ni siquiera cada mes. Es cuando algo le ha salido mal. Yo ya sé, lo veo subir al carro y pienso algo le ha salido mal. Se pone pálido, se le hunden los ojos, la voz le sale rara. Llévame a Ancón dice. O vamos a Ancón, o a Ancón. Yo ya sé. Todo el viaje mudo ... Pienso en lo que va a pasar cuando lleguemos a Ancón y me siento mal*» (II-266/7).

Este rechazo de Ambrosio va a provocar una interpretación de Queta que modifica la finalidad de todos esos relatos en su conjunto y que explican las interrupciones de Fermín interesándose por si a Ambrosio le gustaba Queta o si veía las piernas de las mujeres:

> «—¿Te habla de mujeres, te cuenta porquerías, te muestra fotos, revistas? —insistió Queta—. Yo sólo abro las piernas, ¿pero tú?
> —Le cuento cosas de mí —se quejó Ambrosio—, de Chincha, de cuando era chico, de mi madre. De don Cayo me hace que le cuente, me pregunta por todo. Me hace sentir su amigo, ¿ve?
> —Te quita el miedo, te hace sentir cómodo —dijo Queta—. El gato con el ratón. ¿Pero tú?» (II-267).

Estas palabras de Queta y los comentarios siguientes abren la posibilidad insospechada de que esos relatos que el lector ha ido encontrando a lo largo de la novela formen parte de los preliminares del acto sexual y que su verdadera finalidad sea romper la distancia amo-criado, blanco-negro, deseo de Fermín-rechazo de Ambrosio. El sentido suplementario que el proceso de enunciación presta a estos relatos de Ambrosio es decisivo para su justificación: de no existir esa relación entre el chófer y el señor, lo que cuenta Ambrosio, que es de gran importancia para caracterizar la práctica política representada en la novela, no tendría razón de ser.

El lugar de la enunciación, Ancón, va a recibir también una función suplementaria en el relato: sirve para acusar el recibo de una carta. En efecto, Hortensia trata de chantajear a Fermín escribiendo una carta a su mujer, en la que explica la clase de relación que une a Ambrosio con su marido, y amenaza con enviar cartas semejantes al resto de su familia y a sus amistades. El texto de la carta no aparece transcrito ni tampoco se narra el acto de recepción. Ambrosio es el único que la menciona en su última conversación con Queta. El acuse de recibo está dado de la siguiente manera:

> «—*La casa y el departamento se iban a quedar a nombre de la mamá, como es natural —dijo el Chispas—. Pero ella no quiere saber nada con el departamento, dice que no volverá a poner los pies en Ancón. Le ha dado por ahí...*» (II-294).

El mensaje involuntario del Chispas está claro para el lector: la madre asocia la relación homosexual de su marido, ya muerto a esas alturas del relato, con Ancón. Es decir, un elemento del proceso de enunciación ha pasado a representar el núcleo de la intriga: Ancón significa la relación Ambrosio-Fermín para el lector, es una denominación metonímica de la relación. Constituye una alusión desde el punto de vista del autor y el lector (la alusión exige que el oyente esté en posesión de la información y que el locutor lo sepa), y establece una complicidad entre ambos frente a los dos interlocutores que mencionan Ancón: Santiago y su hermano Chispas, que desconocen los motivos de la negativa de su madre. Por último, la alusión informa de que la carta fue recibida y de la actitud final de la madre, que se reitera unas líneas más adelante («... La mamá no va a poner los pies ahí, se le ha metido que odia Ancón» II-295).

Una alusión semejante se establece con la *yobimbina*, símbolo de la relación oculta entre Fermín y Ambrosio. En el capítulo II del primer libro este producto es utilizado por Santiago para excitar a Amalia (que ha mantenido y mantendrá relaciones con Ambrosio) en una aventura adolescente que provoca el despido de la criada. Fugazmente se establece la procedencia de la sustancia: Ambrosio se la proporciona al Chispas y éste a su hermano Santiago. Cuando esa sustancia vuelve a ser mencionada, se establece un paralelismo entre las dos situaciones:

> «—De lo que no te excitas? —dijo Queta— ¿Te excita sólo con trago?
> —Con lo que le echa al trago —susurró Ambrosio— ... La primera vez que lo pesqué se dio cuenta que lo había pescado. Se dio cuenta que me asusté. ¿Qué es eso que le echó?
> —Nada, se llama yobimbina —dijo don Fermín—. Mira, yo me echo también. Nada, salud, tómatelo» (II-268).

Cada uno a su manera, padre e hijo, Fermín y Santiago, utilizan la misma sustancia para excitar sexualmente a sus criados Ambrosio y Amalia, que mantienen una relación de pareja. La ironía es que sea el mismo Ambrosio quien proporcione indirectamente a Santiago la yobimbina. El paralelismo entre el episodio de Santiago y la relación de su padre con Ambrosio no pasa, por el momento, de lo señalado. El despido de Amalia y las consecuencias posteriores que se derivan de este episodio podrían darse igualmente sin intervención de la yobimbina. Pero es importante desde el punto de vista de las precauciones tomadas por el autor para establecer nexos de diferente importancia entre una de las intrigas fundamentales del relato, la relación Ambrosio-Fermín, y los distintos planos narrativos.

Este trabar el contexto de la enunciación, desde la que supuestamente narra el personaje, con otras partes de la historia, está muy debilitada en «La ciudad y los perros», la primera novela del autor. En esta obra hay un eje narrativo asumido enteramente por Jaguar, sujeto formal de la enunciación, que cuenta su vida evitando cuidadosamente dar su nombre; nadie interrumpe su discurso y para referirse a sí mismo le basta con los deícticos. Su relato está lejos del monólogo interior, ya que se respeta el orden cronológico y no hay alteraciones sintácticas. El tiempo de la enunciación es el presente y queda explícito en varias ocasiones: «porque se reía cada vez que yo abría la boca y de una manera que no se puede olvidar» (58), «me acuerdo de esos días», «no sé cómo» (250), «me acuerdo que un día» (301). Todo hace pensar en la presencia de un interlocutor, véase por ejemplo el uso de algunos presentes con valor de pasado:

«... y el flaco también me contó que una vez casi los agarran a los dos», «y dice que el cachaco dudó un momento» (217/8), «cuando yo le dije que quería entrar al colegio militar casi se vuelve loca» (301), «fue un tonto, si aprovecha me hubiera revolcado a su gusto» (274).

Sin embargo, ese interlocutor intuido, ya que no hay signos explícitos del tú, es escamoteado en el desenlace, cuando el sorprendido lector descubre que el personaje narrador es el Jaguar que cuenta desde un tiempo y una situación no representados en la novela. Su relato se interrumpe y el tiempo de los acontecimientos narrados lo sobrepasa, lo cual crea una indeterminación insalvable: se convierte en un discurso que «flota» en el interior del enunciado novelesco. Por lo general, el contexto de una enunciación que temporalmente queda incluida en el tiempo representado, sólo se puede suprimir de forma verosímil mediante el uso del monólogo interior.

Por otro lado, la perspectiva ingenua con que el personaje relata los acontecimientos, es decir, sin comentar lo narrado desde la perspectiva que el tiempo le ofrece, preserva sin duda la sorpresa final, pero la hace al mismo tiempo más inverosímil. Esta perspectiva candorosa es reforzada además con un lenguaje ingenuo también que, en lugar de permitir una aproximación entre Jaguar-niño y el personaje que se impone por la violencia en el Leoncio Prado, tiende a distanciarlos aún más:

> «*me sentía muy nervioso, qué vergüenza que mi madre pudiera sospechar*» (57), «*y decían palabrotas: culo, puta, pinga y cojudo*» (260).

El engarce del discurso de Jaguar con el resto de la intriga se realiza mediante dos identificaciones: se descubre sin más que el personaje narrador es el Jaguar del Leoncio Prado y que Teresa es la misma Teresa de la que se enamoran Alberto y Ricardo Arana. El artificio queda así desnudo, sin que lo justifique la trabazón interna del relato en su conjunto. Todos esos elementos escamoteados del proceso de enunciación para lograr la sorpresa final explican el desencanto de algunos críticos ante el desenlace de la novela.

1.3. EL ENIGMA Y LOS PROGRESOS DE ENUNCIACIÓN EN CC

En CC hay dos acontecimientos que destacan sobre la gran masa de hechos narrados por su función enigmática: la relación Ambrosio-Fermín y el asesinato de Hortensia. A lo largo de la narración es frecuente que se mencionen acontecimientos aún no sometidos a la sintaxis del relato; pero esas anticipaciones no son captadas como enigmas, sino como simples menciones de hechos que, aunque no entreguen su significación última en el momento, quedan nombrados y en espera de que su desarrollo posterior y su encadenamiento con otros hechos vayan fijando progresivamente su lugar en el enunciado novelesco. Lo que aquí nos proponemos analizar es el procedimiento utilizado para que los dos hechos mencionados creen ese efecto particular de sentido que permite atribuirles esa función enigmática.

En un mismo capítulo y en poco más de treinta páginas (II-9/52) tiene lugar el asesinato de Hortensia, el descubrimiento de la identidad de su asesino —Ambrosio— y la relación homosexual que éste mantiene con Fermín. ¿Qué clave significativa especial proporciona el conocimiento de estos hechos a las casi cuatrocientas páginas que preceden? Explican el extraño comportamiento de Ambrosio con Amalia, añaden un sentido insospechado a los relatos narrados desde la perspectiva de Ambrosio y hacen comprensible el motivo que da lugar a la charla entre Ambrosio y Santiago en el capítulo I. Muy poco más, a no ser que se hiciera una lectura psicológica del relato de Santiago Zavala y se dijera algo así como que la clave de su frustración personal consiste en que a los veinte años descubre la homosexualidad de su padre y su posible participación en el asesinato de Hortensia, etc. Especulación harto improbable y que, además, se aparta por completo de nuestro propósito.

Entonces, si la mayor parte de los acontecimientos narrados anteriormente son ajenos a estos hechos o sólo establecen relaciones muy indirectas con ellos, ¿cómo se explica el sentido enigmático que crean a lo largo del relato? Se podría dar una explicación desde la caracteri-

22

zación que se hace de Santiago Zavala como personaje que reconstruye obsesivamente las etapas de su vida en busca del momento en que se frustró. Su pregunta *¿Ahí, fue ahí?*, insistentemente repetida con relación a todas sus experiencias, abre, pero también cierra por su misma aplicación a hechos muy diversos, la posibilidad de explicar su fracaso a partir de un hecho único. Sin duda, la pregunta crea una tensión en espera de la respuesta definitiva, pero los hechos revelados no la responden satisfactoriamente.

El sentido enigmático de estos hechos reside más en el procedimiento que se ha aplicado para diferenciarlos de cualquier otro acontecimiento, que en su propia significación como claves organizadoras del relato. Estos son los procedimientos utilizados para singularizarlos:

La alusión: en las páginas que preceden al capítulo en que se descubre todo lo referente al crimen, éste no es mencionado, sino únicamente aludido desde una conversación entre Ambrosio y Fermín posterior al hecho. El deíctico *lo* designa un referente que permance oculto para el lector: el asesinato de Hortensia. Esto crea una primera diferencia con respecto a los muchos hechos anticipados, nombrados, inteligibles ya, que aparecen a lo largo del relato.

La reiteración: la frecuencia relativa con que se alude al hecho indica, si tenemos en cuenta que no constituye una clave general del relato, que el misterio necesita ser sostenido por el narrador, que intercala una y otra vez fragmentos de la conversación Ambrosio-Fermín aludiendo al crimen, pero sin proporcionar en ningún momento indicaciones suficientes que permitan no ya descubrir al asesino, sino saber simplemente a qué se está aludiendo. Las alusiones aparecen en el libro I, éstas son las primeras:

23

«—¿Lo hiciste por mí? —dijo don Fermín—. ¿Por mí, negro? Pobre infeliz, pobre loco» (I-52).

«—¿Por mí, por mí? —dijo don Fermín—. ¿O lo hiciste por ti, para tenerme en tus manos, pobre infeliz?» (I-73).

«—Está bien, no llores, no te arrodilles, te creo, lo hiciste por mí —dijo don Fermín—. ¿No pensaste que en vez de ayudarme podías hundirme para siempre? ¿Para qué te dio cabeza Dios, infeliz?» (I-90).

Estos diálogos adquieren un relieve especial en la narración, porque interrumpen por completo el enunciado inmediatamente anterior. Son los puntos de máxima discontinuidad del texto. Si se comparan con los diálogos entre Santiago y Ambrosio, que también dan lugar a frecuentes interrupciones, se observa que de éstos se conoce el contexto (el bar la Catedral) y la identidad de los interlocutores, y que cuanto dicen es mínimamente inteligible; mientras que aquéllos abren auténticos vacíos de sentido. Incluso en algún momento en que la interrupción no es total, porque se menciona a la víctima del crimen, sólo es posible reconocer esa continuidad mínima a posteriori. Este es el caso:

«Amalita por su mamá, y Hortensia (la víctima) por una señora donde había trabajado Amalia, niño, una a la que quería mucho y que también se murió: claro que después de lo que hiciste tienes que salir de aquí, infeliz, dijo don Fermín» (I-103).

Los diálogos entre Santiago y Ambrosio o Santiago y Carlitos, aunque también interrumpen parcialmente el relato, suelen prolongar directa o indirectamente el sentido del enunciado ante-

24

rior o, cuando menos, tienen a Santiago Zavala como personaje conector. Desde la conversación entre Santiago y Carlitos se alude también al crimen, pero la alusión no es captada como enigmática, porque carece de los rasgos formales que estamos señalando:

> «—*Creo que nunca me sentí tan amargado* hasta esa vez del burdel —*dijo Santiago*—. *Porque los habían metido presos por mí, por lo de Jacobo y Aída, porque me habían soltado y a ellos no, por ver al viejo en ese estado*» (I-211).

La alusión no tiene ningún relieve especial y además queda sumergida en un comentario más amplio sobre la detención de Santiago.

La relación homosexual no es aludida con anterioridad al crimen. Este es el motivo de que otro diálogo, el de Ambrosio y Queta, adquiera también un sentido enigmático, porque, aunque no se alude en él a esa relación, es el conocimiento de ese hecho lo que hace inteligible lo que dicen los personajes (capítulo IX, libro I).

El desconocimiento de la identidad del interlocutor: éste es el rasgo formal que más decisivamente caracteriza los diálogos enigmáticos. Se habrá observado en las transcripciones anteriores que en los comentarios de Fermín el receptor, Ambrosio, es designado mediante *negro* y *pobre infeliz*. El primero de los apelativos constituye un principio de identificación del interlocutor; e incluso en un momento aparece una intervención de Ambrosio que, pese a estar separada del discurso de Fermín que la origina, conecta fácilmente su sentido:

> «—*Claro que sí* —*dijo don Fermín*—. *Salir de la casa, y de Lima, desaparecer. No*

estoy pensando en mí infeliz, sino en ti»
(I-127).

Se intercalan a continuación tres intervenciones procedentes de situaciones ajenas a ésta y luego:

> «—*Pero adónde, don* —*dijo Ambrosio*—.
> *Usted no me cree, usted me está botando,*
> *don»* (I-127).

Estas palabras de Ambrosio y algunos otros datos posteriores, que ya han sido señalados por la crítica[1], permiten sospechar la identidad del interlocutor de don Fermín y, según el mismo crítico, hasta el crimen de Hortensia. Pero precisamente es ese entrar en sospecha el efecto de sentido inmediato que provoca la designación insuficiente del interlocutor. Por más que se sospeche algo, ese algo no alcanza, por definición, el grado de probabilidad necesario para ser una certeza. Esto es, no se trata tanto de ocultar un dato al lector como de hacerle notar que algo se le oculta, de introducir una sospecha, de crear una atmósfera.

Aunque antes dijimos que este diálogo Fermín-Ambrosio acerca del crimen provocaba siempre una interrupción, hay capítulos construidos total, o casi exclusivamente, mediante diálogos de distintas procedencias, que provocan interrupciones continuas. En estos casos es la no designación del receptor lo que diferencia las palabras de Fermín de cualquier otro diálogo (caps. VII y IX, libro I). En el capítulo IX, la conversación

---

(1) Alfredo Matilla Rivas, *Conversación en la catedral. Estructuras y estrategias,* en "Nueva Narrativa Hispanoamericana", vol. II, septiembre 1972.

entre Ambrosio y Queta se encuentra también diferenciada por el mismo procedimiento, aunque con alguna variante: Ambrosio, el interlocutor, sólo queda designado explícitamente al cabo de seis intervenciones; pero en este caso es el emisor, Queta, el que goza de una indeterminación total, pues es la primera vez que aparece en el relato.

En resumen, el misterio de la novela tiene mucho más de misterio formal que de misterio verdadero en el sentido tradicional, es decir, de hecho oculto del que depende el encaje definitivo de las múltiples piezas que componen la intriga. Cuando el misterio queda revelado no se produce una reordenación global del conjunto de los hechos narrados. Naturalmente, el procedimiento también se explica porque el misterio lo es sólo para el lector. Santigo Zavala en su conversación con Ambrosio únicamente pretende averiguar si su padre, Fermín, le instigó para que matara a Hortensia; pero ni la relación entre ambos, ni el crimen, le son desconocidos. Ninguno de los dos hechos tiene nada de misterioso para los personajes, es el narrador el que dispone y enuncia los acontecimientos de manera que se produzca ese efecto de sentido para el lector. La ironía del narrador consiste en crear un clima enigmático mediante el diálogo entre Fermín y Ambrosio, en el que queda claro para el lector que Fermín Zavala no está involucrado en el crimen, al menos de un modo directo, porque eso es precisamente lo que pretende averiguar Santiago. De este modo, las percepciones del personaje central, Santiago, y la del lector son complementarias entre sí e insuficientes tomadas por separado: el personaje sabe que se cometió un crimen; el lector, no; el personaje ignora si su padre fue responsable del crimen; el lector sabe.

Esta perspectiva cruzada se mantiene hasta que el lector tiene conocimiento del crimen.

Diremos, por último, que el efecto enigmático —logrado por estos procedimientos señalados, y especialmente por la huella pronominal y verbal de un *tú* no explicitado— hace de adecuado contrapunto a otro efecto de sentido engendrado por las numerosas anticipaciones que se hacen a lo largo del relato: el carácter histórico de los acontecimientos que se presentan como ya cumplidos y reconstruidos por una evocación retrospectiva.

1.4. ENUNCIACIÓN BIVALENTE

Quizá la forma de enunciación más audaz de las utilizadas en el relato sea introducir en el enunciado un discurso personal que destaca aspectos no verbales del primer enunciado. Por ejemplo:

> «—*Ya ve, don Fermín —se le veía apenas la cara, Carlitos, una vocecita desganada, servil—. Ahí tiene al heredero sano y salvo*» (I-207).

La acotación está constituida por las palabras que Santiago dirige a Carlitos relatándole la escena. Hay dos aspectos a considerar: de un lado funciona como enunciación de las palabras de Cayo, ya que podría ser sustituido por una acotación del estilo «dijo Cayo con voz desganada, servil, la cara casi oculta», que hacen a la posición del cono de la luz (que se menciona unas líneas antes) y a la traducción verbal de una impresión que no es susceptible de ser transmitida desde las mismas palabras de Cayo: el tono de su voz. Se trata, por tanto, de una caracterización del emisor y del contexto, que pertenecen al proceso de enunciación. Pero de otro lado, la acotación constituye a su vez otro enunciado distinto del primero, con su propio sujeto del enunciado y su propio interlocutor. Estamos, por consiguiente, ante una forma de acotación que apunta en dos direcciones, de una forma de enunciación bivalente.

El narrador llegará en otro momento a un desarrollo fugaz del diálogo que implica ese discurso directo convertido en acotación. Esto es lo conseguido:

> «—¿Y entonces cómo puedes trabajar en un diario de los Prado? —se humillaba, Carlitos, si le hubiera dicho pídeme de rodillas que vuelva y vuelvo, se hubiera arrodillado—. ¿No son ellos más capitalistas que tu padre?...
> —Estábamos hablando de lo más bien y de repente te has enojado, papá —se humillaba, pero tenía razón, Zavalita, dijo Carlitos—. Mejor no hablemos de eso» (II-46).

La respuesta de Carlitos crea por un instante la ilusión de que se establece un diálogo de acotación a acotación. Pero un análisis más detenido destruye esa impresión: en efecto, la respuesta de Carlitos ya no es una acotación, una forma de enunciación. Está intercalada como una acotación, incluso con la codificación que habitualmente la caracteriza, los guiones, pero ahí termina la semejanza. La respuesta de Carlitos no proporciona ningún dato sobre la intervención de Santiago en la que se intercala; no dice nada sobre el emisor, Santiago, ni sobre el receptor, Fermín, ni tampoco sobre el contexto. Es pura y llanamente un discurso directo dentro de otro discurso directo. Para poder ser una acotación verdadera hubiera tenido que añadir algo sobre el proceso de enunciación del enunciado en que se inserta; eso implicaría necesariamente que Carlitos también hubiera sido testigo presencial de la escena evocada por Santiago.

1.5. Los tiempos de la enunciación

La oposición presente/pasado que en CC opone el primer capítulo al resto del relato y permite situar en el bar la Catedral los fragmentos de la conversación Santiago-Ambrosio, es utilizada en «La ciudad y los perros» con fines por lo general distintos de la ordenación cronológica de los hechos narrados. Por más que el uso de un verbo en pasado no constituya en principio una indicación temporal, dado que los hechos se ordenan unos con relación a otros y con independencia de los tiempos verbales empleados, no es menos cierto que su alternancia nunca suele ser totalmente indiscriminada, a menos que se persiga conscientemente un caos temporal. El juego de alternancias y sustituciones entre los tiempos del mundo narrado y los tiempos del mundo comentado es un procedimiento de primer orden para introducir modificaciones importantes en la captación del enunciado.

En la novela, los diálogos suelen utilizar los tiempos del mundo comentado que, cuando no son muy abundantes, por su carácter tenso y comprometido adquieren un relieve especial frente a los tiempos narrativos habituales del relato. En «La Ciudad y los Perros» (en adelante CP) se producen varias transiciones temporales presente/pasado y pasado/presente que sólo pueden ser explicadas desde esa oposición general en que se sitúan los tiempos comentadores propios del diálogo con respecto a los tiempos narativos propios del relato.

1.5.1. Uno de los momentos de mayor tensión en la novela es la entrevista que mantienen el teniente Gamboa y Alberto, que ha decidido denunciar a Jaguar como asesino de Ricardo Arana. Se narra en presente la llegada de Alberto a casa del teniente y el principio de la conversación. El objeto de esta entrevista, denunciar el crimen, hace del discurso directo de Alberto un relato que paulatinamente va contagiando sus tiempos narrativos al presente utilizado por el verdadero narrador, hasta que termina por imponerse del todo. El porcentaje de los tiempos comentadores en un diálogo común suele ser sensiblemente superior al de los tiempos narrativos. Pero en este caso se trata de un diálogo que responde a una situación narrativa, es decir, en el que uno de los interlocutores hace de narrador frente al otro, lo cual produce una inversión en cuanto a la frecuencia de los tiempos de uno y otro grupo. Se da así el caso de que el narrador verdadero utiliza el presente, mientras que el personaje, Alberto, emplea los tiempos narrativos. El primer contagio de tiempo verbal es éste:

«... *Las cuenta: doce circunferencias y un punto final, de color gris. Levanta la vista; detrás del teniente hay una cómoda, la superficie es de mármol y las empuñaduras de los cajones de metal.*
—*Estoy esperando, cadete* —*dice Gamboa*—. *Alberto vuelve a mirar la alfombra.*
—*La muerte del cadete Arana no fue casual* —*dice*—. *Lo mataron. Ha sido una venganza, mi teniente.*
Levantó *los ojos. Gamboa no se ha movido; su rostro está impasible...*» (243).

El empleo del perfecto simple contrasta con el presente del mismo verbo utilizado unas líneas antes («levanta la vista»). El cambio temporal expresa la tensión que produce la revelación de Alberto y el uso del mismo verbo en ambos casos sirve para señalar la diferencia del acto, su irreversibilidad con respecto al anterior. Pero al mismo tiempo inicia el paso de los tiempos narradores del diálogo a la narración. Las intervenciones siguientes dejan nuevamente en suspenso el cambio de tiempos: el teniente indica a Alberto que se calme y al mismo tiempo que tome conciencia de lo que va a decir; en otras palabras, el teniente coloca a Alberto en situación narrativa. A partir de ese momento el narrador verdadero se limita a señalar al emisor y se inicia la alternancia de acotaciones en presente y pasado: dice (Alberto) / dice Gamboa / ausencia de acotación / dijo Gamboa / ausencia / dijo Gamboa / dice Alberto / preguntó Gamboa / dos ausencias / lo interrumpe Alberto / dice Gamboa / ausencia / dijo Gamboa / dice Alberto / dos ausencias / dijo Gamboa / cinco ausencias / dijo Gamboa. A partir de aquí el narrador toma la palabra durante unas líneas en pasado: «Alberto se los dijo y luego siguió hablando...» Dos nuevas intervenciones de los personajes, acotadas mediante *dijo Gamboa* y *dijo Alberto*, cierran el pasaje.

El predominio de los tiempos narrativos viene asegurado por la brevedad de las intervenciones del teniente, que sólo habla para precisar algún detalle o asegurarse de lo que está oyendo. La presión de los tiempos del relato de Alberto termina por imponerse al presente del narrador. Terminado el relato, las dos intervenciones finales de los personajes utilizan tiempos del comentario; las acotaciones están en pasado. La inversión inicial se deshace: los personajes comentan su mundo, el narrador lo cuenta. Veamos cómo se justifica esta transición. El presente narrativo que inicia el pasaje expresa de forma más tensa el estado de ánimo de Alberto, que ha tomado una decisión importante, delatar a un compañero. El momento coincide además con el punto culminante del relato, que resulta así potenciado mediante este procedimiento. Se observa que mientras Alberto está contando, todas sus acotaciones van en presente, con lo que sus palabras disminuyen su carácter de narración en segundo grado. Son las acotaciones en pasado de Gamboa las que van preparando la distensión del clímax alcanzado. La distensión total se inicia con la palabra del narrador que interrumpe el diálogo y sintetiza en los tiempos habituales de la narración el fin de la entrevista. La última intervención corresponde a Alberto, que ya ha dado fin a su relato, a su tensión personal; sus palabras son acotadas por primera y última vez en este pasaje mediante *dijo*.

1.5.2. Una transición semejante se encuentra en otro pasaje anterior en el que se narra la salida de casa de Alberto y Emilio camino de la avenida Larco, lugar habitual de citas y encuentros de los jóvenes pertenecientes a la clase alta limeña. Alberto encuentra allí a *su enamorada*, Helena, que durante el paseo rompe su compromiso con él. Alberto regresa a casa, donde le espera su padre para comunicarle que va a ingresar en el colegio militar Leoncio Prado.

La narración se inicia en pasado y se sustituye en varias ocasiones por el presente. En una de ellas, la metáfora temporal le sirve al narrador para hacer abstracción del momento concreto y lograr su generalización. Se trata de un presente de definición que caracteriza globalmente los comportamientos del grupo juvenil:

«*No son ajenos a esa multitud sino parte
de ella: van en familia. Miran a su alrededor y encuentran rostros que les sonríen,
voces que les hablan en un lenguaje que es
el suyo. Son los mismos rostros que han
visto mil veces en la piscina del Terrazas...
saben que Tony no es feliz a pesar del coche sport que le regaló su padre en Navi-
dad, pues Anita Mendizábal, la muchacha
que ama, es esquiva y coqueta...*»* (192).

La misma indeterminación de Tony y Anita,
personajes totalmente desconocidos para el lector y que no vuelven a citarse en ningún otro
momento, está al servicio de ese valor generalizador del presente.

Se retoma nuevamente el pasado narrativo momentos antes de que se produzca el encuentro
de Alberto y Helena. Su conversación, transcrita
sin acotaciones, deja atrás su marco narrativo
y, cuando lo recupera, ha sido sustituido por el
presente. Los abundantes tiempos comentadores
de la conversación hacen imperceptible el cambio (196).

El presente, a su vez, vuelve a ser sustituido
por el pasado sin transición de ninguna clase:

«*Recorren la segunda cuadra de Diego
Ferré y en la puerta de la casa de Alberto
se despiden. El Bebé lo palmea dos o tres
veces en señal de solidaridad. Alberto entró
y tomó directamente la escalera hacia su
cuarto. La luz estaba encendida. Abrió la
puerta; su padre, de pie, tenía la libreta de
notas en la mano...*»* (197).

El perfecto simple corta bruscamente la continuidad de la situación anterior, la distancia, y

prepara el relato para una situación nueva. La brusquedad del cambio de tiempo verbal está en correspondencia con el fuerte e inmediato contraste que se establece entre las dos situaciones.

Un cambio similar de tiempo verbal que se corresponde con un cambio de situación también tiene lugar cuando Alberto es sacado de la Prevención para ir a declarar. El perfecto simple interrumpe las especulaciones de Alberto sobre su futuro y la descripción de los sonidos que llegan hasta el calabozo. El cambio no es tan brusco como el anterior:

«*Alberto da un paso atrás cuando ve al teniente Ferrero acercarse al calabozo. La puerta metálica se abre silenciosamente.*

—Cadete Fernández —era un teniente muy joven, que tenía a su mando una compañía de tercero.

—Sí, mi teniente.

—Vaya a la secretaría de su año y preséntese al capitán Garrido.

Alberto se puso la guerrera y el quepi...» (253).

1.5.3. Un problema general que se plantea siempre que un relato o un pasaje concreto se inicia con una situación en desarrollo, es retomar el tiempo anterior que narra los principios de esa situación. Los procedimientos utilizados por los novelistas para resolver adecuadamente esta vuelta atrás son muy variados. En la novela que comentamos se alternan los pasajes sobre la vida de los cadetes en el colegio militar con otros sobre su vida infantil. Pero lo que aquí nos interesa es destacar el retroceso temporal en el interior de un mismo pasaje; el procedimiento empleado es casi imperceptible y se puede sintetizar así: se inicia el pasaje con los tiempos del mundo narrado, que son sustituidos a continuación por una presencia sostenida de tiempos del comentario (una conversación sin acotaciones, un presente generalizador, etc.); se retoma luego la narración, pero los tiempos narrativos son sustituidos por los comentadores; finalmente, se produce un retroceso temporal del tiempo representado mediante los tiempos de la narración, que reaparecen nuevamente. La imperceptibilidad del procedimiento se basa en la suspensión verosímil de los tiempos verbales iniciales; conseguido esto, es decir, el desplazamiento de los tiempos narradores por los del presente, el perfecto simple o el imperfecto son potencialmente adecuados para portar una noción temporal anterior al momento en que se inició el pasaje.

Las lecciones de baile de Alberto son una buena ilustración del procedimiento que hemos esquematizado. El pasado con que se inicia el pasaje es sustituido por el presente tras una larga intervención del Bebé que explica a Alberto la estrategia amorosa del baile. Cuando el narrador retoma la palabra, sus tiempos verbales son captados en continuidad con los que le preceden:

> «*El vals ha terminado y el tocadistos emite un crujido monótono, el Bebé lo apaga...*» (141).

La conversación continúa acotada en presente. La aparición posterior del perfecto simple conduce el relato a las horas inmediatamente anteriores. Hasta aquí los cambios temporales son claros y se ajustan al esquema indicado sin producir ninguna confusión temporal. Pero tras mencionar las horas precedentes en pasado, se vuelve a la situación que se estaba desarrollando empleando los tiempos de la narración también. Esto da lugar a una cierta ambigüedad temporal:

> «—*Ya no* —dice *Alberto*—. *Seguiremos otro día. Cuando* entraron *a la casa de Emilio, a las dos de la tarde, Alberto* estaba *animado y* respondía *a las bromas de los otros. Cuatro horas de lección lo habían agotado. Sólo el Bebé parecía conservar el entusiasmo; los otros se aburrían.*
> —*Como quieras* —dijo el Bebé—. *Pero la fiesta es mañana*» (144).

Un caso semejante ofrece la situación del calabozo al principio del pasaje anteriormente mencionado (251/2), pero aquí el cambio final, es decir, la vuelta a la situación de partida se hace en presente («Alberto se aparta de la rejilla...») y esto elimina la ambigüedad. El procedimiento, en sus efectos, recuerda los dispositivos cinematográficos que permiten pasar de un plano distante a un primer plano sin necesidad de interrumpir la imagen. Su efecto más destacado consiste efectivamente en la posibilidad de *acercar* el tiempo de la enunciación al presente de una forma verosímil, pero sin violentar la percepción del lector y sin necesidad, claro es, de provocar un corte en la línea del relato, sea mediante capítulos, espacios en blanco, cambio de perspectiva, etc.

Desde el punto de vista de la enunciación, esto es, considerando la relación narrador, enunciado y lector, supone la misma actitud comunicativa que preside en general el empleo de las metáforas temporales; pero sin las fórmulas o recursos estereotipados que hacen visible la transición.

Sin duda, el fundamento de la verosimilitud de este procedimiento, lo que reduce su visibilidad, es la relación de continuidad que establece el presente con los tiempos verbales inmediatamente anteriores. Esto desplaza el problema de la verosimilitud al de la adecuada suspensión de los tiempos narrativos. La descripción o el presente de definición son artificios con larga tradición en la narrativa, por lo que se refiere a la sustitución de los tiempos narrativos por los comentadores. Probablemente por eso, entre los casos analizados destacan especialmente los que establecen esa continuidad a través del enunciado del personaje. Se trata de una forma de asimilación del discurso del narrador al discurso del personaje. En el caso de la conversación entre Alberto y el teniente Gamboa, la asimilación de los tiempos narrativos del relato de Alberto por parte del verdadero narrador se va filtrando progresivamente en las acotaciones del interlocutor, el teniente Gamboa; sin embargo, no penetra en las acotaciones de Alberto para no distanciar su relato. El encuentro de los dos procedimientos se resuelve en la alternancia presente/pasado de las acotaciones, que demora la asimilación y hace visible al mismo tiempo su avance progresivo.

1.6. PROCESOS DE ENUNCIACIÓN Y VISIONES EN CC

«Conversación en la Catedral» pone en marcha varios ejes narrativos. Uno de ello, el de Santiago Zavala, merece particular atención por la variedad de sus procesos de enunciación y el ritmo cambiante que originan éstos. La novela se inicia con la aparición del personaje narrada en presente, que se sostiene a lo largo del primer capítulo. A partir de entonces cuanto se dice sobre el personaje pertenece a su pasado. Pero en el relato de ese pasado no interviene sólo el narrador: la conversación que Santiago y Ambrosio sostienen en el primer capítulo, pero que no se reproduce allí, se intercala de forma discontinua en la narración introduciendo enunciados directamente relacionados por lo general con los interlocutores, especialmente con Santiago Zavala. Los fragmentos pertenecientes a este diálogo están acotados mediante *dice Ambrosio / dice Santiago*; o bien es la aparición del vocativo *niño* la que designa a Santiago como receptor y a Ambrosio como emisor. Pero el primer capítulo tiene también otra forma de presencia en el relato: lo que Santiago va pensando a lo largo de su conversación con Ambrosio queda enunciado de dos maneras distintas, mediante *piensa* (sujeto del enunciado, Santiago) y *Zavalita* (sujeto del enunciado y de la enunciación, Santiago).

Por último, las conversaciones de Santiago con su amigo Carlitos constituyen también una parte importante del relato. Su proceso de enunciación suele ser explícito, *dijo Santiago/dijo Carlitos*, pero también abundan los casos en que el sujeto emisor designa a su interlocutor y sitúa así el enunciado.

El relato sobre la vida de este personaje aparece así cubierto en su recorrido por enunciados de distintas procedencias que, para mayor claridad, pueden esquematizarse utilizando el siguiente diagrama:

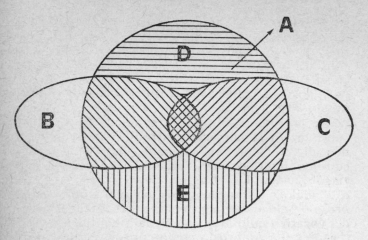

A: enunciado que tiene a Santiago Zavala como protagonista principal. En el diagrama está representado por toda la parte rayada.

B: enunciado constituido por las conversaciones Santiago-Ambrosio. En el diagrama la parte rayada de B indica los diálogos que se refieren a Santiago.

C: enunciado constituido por las conversaciones Santiago-Carlitos. En el diagrama la parte rayada de C indica los diálogos que se refieren a Santiago.

D: parte del enunciado de A (subconjunto de A) asumido por el narrador.

E: parte del enunciado de A (subconjunto de A) asumido por Santiago Zavala (*piensa* y *Zavalita*).

El narrador no desaparece completamente en ninguno de estos enunciados, porque, aunque en algunos casos Santiago dice *yo* sin ninguna mediación, lo más frecuente es que el personaje quede diferenciado del sujeto gramatical de la enunciación. Pero el narrador, que es siempre inevitable y sólo puede ser más o menos disimulado, tiene un grado de presencia bastante reducido en el relato, al menos en lo que se refiere a significar directamente los acontecimientos. La mayoría de los enunciados quedan asumidos por los personajes.

1.6.1. LA PENETRACIÓN DE UNOS ENUNCIADOS EN OTROS

Como ya vimos en 1.3, hay momentos en que la penetración de unos discursos en otros da lugar a que algunos enunciados se constituyan en enunciación de otros.

Una forma de penetración llamativa queda representada en el diagrama por los enunciados comunes a B y C (intersección de B y C, B ∩ C). El entrecruzamiento de las conversaciones que mantiene Santiago con Ambrosio y Carlitos en distintos tiempos y lugares provoca un efecto de sentido particular: el desdoblamiento temporal del enunciado. Aunque puede producirse de distintas maneras, el caso más visible tiene lugar cuando una pregunta procedente de una de las conversaciones que sostiene Santiago es respondida desde la otra conversación. Veamos un ejemplo:

«—Al cuánto tiempo entraste a trabajar a la Crónica? —dijo Carlitos.
—A las dos semanas, Ambrosio —dice Santiago» (I-216).

Pero hay otros casos en que sin ser tan evidente el contacto se hace también perceptible. Basta para ello con que un mismo hecho o una misma situación se mencionen desde las dos conversaciones.

El correlato introspectivo de los acontecimientos narrativos viene señalado por *piensa* y *Zavalita*, que abren una doble posibilidad especulativa: una dirigida hacia atrás, simultánea a los acontecimientos, y otra desde el tiempo de la enunciación. La primera proporciona (valiéndose de otra enunciación) la perspectiva ingenua de la situación y la segunda su perspectiva recurrente. Son escasísimas las ocasiones en que la perspectiva ingenua queda enunciada por el narrador en el pasado:

> «... *y oyó sus diálogos ¿solidarios, parcos, clandestinos? y* pensó *obreros, y* pensó *comunistas...*» (I-77).

Lo más frecuente es que la visión introspectiva simultánea a los hechos narrados venga dada desde el presente por su protagonista. En estos casos se encadenan dos procesos de enunciación:

> «—*Falta una hora para que se reúna la Federación y no hemos tomado ningún acuerdo* —pensando *aterrado se me va a cortar la voz,* piensa—. *¿Vamos a perder el tiempo discutiendo problemas personales ahora?*» (I-198).

Zavalita, el nombre periodístico del personaje, puede señalar dos emisores distintos: es el nombre que le da Carlitos y también una forma de soliloquio del personaje. En este segundo caso, *Zavalita* representa la conciencia desdoblada del personaje, su mirarse desde fuera que, si por una parte es ya un principio de caracterización (un personaje simple requeriría un empleo muy especial del *tú* referido a sí mismo para eliminar la connotación intelectual que implica una conciencia que actúa y es al mismo tiempo testigo de sí misma), de otra ofrece una variante enunciativa al *piensa* del narrador, con el que puede alternar indistintamente:

> «*No dijo nada más,* piensa, *había abierto los brazos, lo tuvo un largo rato apretado contra él, ahí su boca en tu mejilla,* Zavalita, *el olor a colonia*» (II-42).

Los enunciados introducidos por *piensa* suelen ir en segunda o tercera persona. Sólo en momentos especialmente dramáticos se suprime la mediación del narrador *(piensa)*, o del personaje mismo *(tú)*, y se hace uso de la primera persona:

> «*Un malestar como un ladrón rondando en la oscuridad, piensa, remordimientos, celos, vergüenza.* Te odio papá, te odio Jacobo, te odio Aída. *Sentía unas ganas terribles de fumar y no tenía cigarrillos*» (I-213).

Se puede observar que al suprimirse la enunciación se produce un desdoblamiento temporal semejante al que comentamos anteriormente: el enunciado sobre el odio del personaje puede inscribirse temporalmente en la situación que está reconstruyendo o en el tiempo de la reconstrucción. Se podría interpretar como una intersección de la perspectiva ingenua y la perspectiva recurrente. Esta posibilidad queda avalada por la caracterización misma de Santiago, personaje que indaga un pasado no resuelto en busca de sus propias claves.

En los textos reproducidos se percibe que los distintos discursos no se someten en su sucesión e interpenetración a ningún principio regulador que permita una ordenación por parte del lector. No se trata de una visión estereoscópica, en la que se alternen regularmente las visiones de diferentes personajes, sino de visiones confluyentes e imprevisibles en su aparición de un mismo personaje ante distintos interlocutores y ante sí mismo. En general, la posición temporal elegida por el narrador constituye, cuando es fija, un principio de organización y homogeneización del enunciado novelesco. Prescindir de esa referencia temporal fija, interferirla o alternarla continuamente, supone un esfuerzo sostenido de reajuste por parte del lector. El efecto «triturante» de las novelas de Vargas Llosa se basa en gran parte en ese discurso siempre cambiante, lleno de relieves, que en lugar de fluir ante el lector (la «fluidez» del discurso se apoya en una serie de complicidades formales entre el narrador y el lector) se hace imprevisible en cada punto.

LA SINTAXIS NARRATIVA

La dislocación temporal y la multiplicidad de ejes narrativos en la novela tiene como consecuencia que el lector se encuentra a cada paso con una serie de secuencias en distinto grado de desarrollo que difícilmente se dejan ordenar y crean dificultades para una captación global de lo ya leído. Pero ni las rupturas cronológicas ni la simultaneidad de relatos son exclusivas de la novela de nuestro siglo, por más que constituyan procedimientos especialmente frecuentes, ni depende sólo de estos factores la posibilidad de hacer una síntesis de lo que se ha leído hasta un momento determinado. Basta considerar que la mayor o menor autonomía de la posible paráfrasis depende muy estrechamente del momento concreto en que suspendamos la lectura. Con todo, resulta tentador un análisis de las unidades narrativas que trate de dar cuenta de las alteraciones específicas que introduce esa continua distorsión del relato.

Partiendo de la *función* como unidad mínima

narrativa, tal como la define Todorov [1], Barthes [2] distingue los nudos del relato, o funciones cardinales, como los núcleos que abren, mantienen o cierran, una alternativa consecuente para la continuación de la obra. El vínculo que se establece entre los nudos de una misma secuencia es doble: lógico y cronológico. Así, una secuencia como ORDENAR, tal como la estudiamos en 3, agrupa las funciones *prometer-intentar-lograr,* que mantienen entre sí relaciones tanto lógicas o causales como temporales. Afirmar que entre ciertas unidades existe una relación lógica es simplemente afirmar su mutua implicación: una función cardinal aparece porque hay otra anterior y/o para que dé lugar a la siguiente. En uno de los ejemplos propuestos por Barthes, el ofrecimiento de un cigarrillo queda descompuesto en la siguiente sucesión lógico-temporal: *ofrecer-aceptar-encender-fumar.* Estas funciones mantienen entre sí una relación causal con independencia de su orden de aparición en el relato. Se puede alterar la ordenación secuencial, pero no su correlación causal: la anterioridad lógica y cronológica del *ofrecimiento* respecto a la *aceptación* subyace a su eventual disposición en el enunciado. Restablecer la correlación lógica y, a través suyo, la sucesividad temporal de las funciones es siempre, en mayor o menor grado, tarea del lector.

---

(1) "El sentido (o la función) de un elemento de la obra es su posibilidad de entrar en correlación con otros elementos de esta obra y con la obra en su totalidad." *Las categorías del relato literario,* en "Análisis estructural del relato", pág. 155. Comunicaciones. Ed. Tiempo Contemporáneo. Buenos Aires, 1970.

(2) *Introducción al análisis estructural del relato,* en "Análisis estructural del relato". Op. cit., págs. 16-28.

Teniendo en cuenta que la unidad narrativa cardinal (en adelante nos referiremos a las funciones cardinales, o núcleos, con el nombre de *funciones*, para mayor comodidad) no alcanza su sentido en tanto no quedan establecidas sus correlaciones, es la causalidad interna de las funciones, cualquiera que sea la disposición de éstas, la que opera una redistribución lógica y cronológica de las unidades de la secuencia. Sin embargo, la posibilidad de reconstrucción lógica no siempre implica una posibilidad semejante en el orden cronológico. Aunque en las novelas de Vargas Llosa la disposición temporal se va haciendo visible a medida que avanza el relato y las acciones se van organizando unas con respecto a otras, en Faulkner, por el contrario, el pasado de los personajes forma un bloque macizo, destemporalizado, que burla el *instinto «cronologizador» del lector*.

De todos modos, la distorsión nunca obedece en los casos verdaderamente logrados a una disposición caprichosa, sino que, como procedimiento, se encuentra subordinado a determinados propósitos del autor. Esto elimina el carácter de gratuidad al que aparentemente responde la distorsión y abre la posibilidad de analizar las clases de distorsión que pueden producirse y los efectos de sentido que originan. Partiendo de la base de que no es necesario que una secuencia haya concluido para que se intercale otra función perteneciente a una secuencia anterior o que se inicia en ese momento (y en eso consiste prcisamente el *sostenerse* y el *prolongarse* del relato), trataremos de señalar cuál es la distorsión de las funciones que caracteriza el enunciado de CC y, en la medida de lo posible, intentaremos aislarlo como procedimiento general.

2.1. Las anticipaciones

Diremos que hay una anticipación de una secuencia o de una función (una secuencia entera
puede actuar como núcleo de otra secuencia de
orden superior) cuando el relato menciona la
secuencia o la función antes de su desarrollo.
Los encabezamientos de los capítulos pueden
considerarse en algunos casos como anticipaciones [1], ya que adelantan una información suma-
ria de lo que sigue. Esta clase de anticipaciones
vienen hechas por el narrador, garante de que
el conjunto de funciones o secuencias que se
avecinan responde global o parcialmente a lo
que se anuncia. Esta garantía de estar ante una
anticipación se pierde cuando la mención de la
secuencia está puesta en boca de un personaje,
caso que, en principio, hace imprevisible su despliegue posterior. Con carácter general se puede
decir que el reconocimiento de una anticipación
como tal no es simultáneo a su aparición, a menos que el narrador lo señale de alguna manera;
sea ésta convencional —el encabezamiento de los
capítulos, por ejemplo— o explícita —advirtien-
do que volverá a hablar de eso mismo más adelante—. Pero esto no descarta la posibilidad de
que el narrador «juegue» con el lector prome-
tiéndole lo que no ha de cumplir o que se valga
de procedimientos que hagan reconocible el valor anticipador del enunciado puesto en boca de
un personaje.

---

(1) Tal sería el caso del folletín del xix que "gustó ... de
las muy expresivas y tremendas titulaciones de capítulos.
A veces se amontonaban los epígrafes, se alargaban las ca-
beceras, en el deseo de abarcar en unos cuantos rotundos
títulos la crepitante materia argumental por ellos anuncia-
da". Baquero Goyanes, *Estructura de la novela actual* (106/7).
Ed. Planeta. Barcelona, 1970.

Mediante las anticipaciones el relato se remite a sí mismo hacia adelante, tiende pasos obligados de su curso posterior, se compromete a sí mismo a dar cuenta de lo que anticipa, crea, en una palabra, su propia fatalidad. Si las anticipaciones son reconocidas como tales en el momento de su aparición, la tensión del relato aumenta, porque se crean expectativas (esperas fundadas) que deben ser satisfechas. Así, cuando en el relato de la vida de Santiago, reconstruido mediante conversaciones, «flash-backs», monólogos interiores, etc., el personaje dice:

> «... y esa noche la Federación aprobó una huelga indefinida de solidaridad. Caí preso exactamente diez días después, Carlitos»
> (I-172)

el enunciado nos emplaza hacia adelante, porque el procedimiento ya se ha repetido varias veces: Santiago, desde una perspectiva temporal posterior, anticipa secuencias, reflexiona sobre los acontecimientos, recuerda lo que sintió o pensó en aquellos momentos, etc.

Si una secuencia que permanece abierta crea suspensión en su demora, al amenazar con un sentido incumplido, una anticipación crea expectativas que sólo se satisfacen cuando quedan desbordadas. Este desbordamiento se convierte en un imperativo del relato, que tiene que dar más de lo que había prometido. Si únicamente ocurre lo que era lógicamente previsible a partir de la anticipación, ésta no tendría sentido, ya que privaría al relato de la tensión por «lo que va a ocurrir» y no la sustituiría por nada. Sin embargo, el despliegue no puede ser radicalmente distinto de lo anticipado, so pena de que la anticipación dejara de serlo. La necesidad se plantea, por tanto, como una aparente paradoja:

la expansión ha de ser lo que se espera y tiene que ser inesperada al mismo tiempo. La paradoja se deshace al considerar que el sentido de la función reside en su entrar en relación con otras funciones; son sus conexiones con otros núcleos en el nivel funcional lo que le dota de sentido. ¿En qué consiste entonces su ser diferente de lo esperado? Simplemente en lo inesperado de sus correlaciones, que son distintas de las que eran previsibles. En la medida en que esas correlaciones se ajusten estrictamente a lo previsto, son también convencionales, obedecen a las leyes del género; o bien se trata de un relato con un código particular demasiado evidente.

Pero el desbordamiento de las previsiones no implica necesariamente su negación, sino, en la mayoría de los casos, una particularización inesperada de lo previsto. La anticipación antes mencionada a propósito de la detención de Santiago Zavala proporciona un buen ejemplo. Cuando tiene lugar la anticipación sabemos que Santiago está vinculado a una organización política clandestina y que se acaba de decidir una huelga. Al anticipar que diez días más tarde cae preso, la secuencia previsible puede esquematizarse así:

OPONERSE		
Ataque	Defensa	Fracaso del ataque

Según esta secuencia, la detención es el resultado del *defenderse* del poder establecido ante el *ataque* (huelga) de las organizaciones estudiantiles. Veamos cómo se produce el desbordamiento. Efectivamente, se produce la detención, pero no como resultado lineal de la réplica al ataque estudiantil. Intervienen además causas concurrentes que particularizan el hecho, sometiendo la correlación abstracta previsible al código propio del discurso. La detención de Santiago tiene como antecedente concurrente la *defensa* ante un *ataque* que no es el estudiantil, sino el de los capitalistas y parte de los militares; se trata de una conspiración de alto nivel en la que participa el padre de Santiago. Fermín mantiene contactos con el general Espina y su teléfono está controlado; de este modo, la policía tiene noticia de la cita acordada por Santiago con otros militantes estudiantiles. Colabora además otro hecho fortuito en la detención: el problema de pareja entre dos miembros de la célula clandestina, Jacobo y Aída, hace que la reunión se demore innecesariamente y la policía los sorprenda. La linealidad de la secuencia previsible salta en pedazos, la expectativa ha sido desbordada, el lector queda compensado por su espera.

En resumen, la anticipación es un modo de estimular la lengua del relato que existe en todo lector, obligándole a poner en juego una causalidad que será afirmada y burlada al mismo tiempo.

La indeterminación de sentido de lo que se anticipa es tanto mayor cuanto más lejos esté situado el despliegue de la secuencia. Esta distancia es de tipo lógico, secuencial. Si lo ya conocido no permite ninguna forma de conexión con lo que se anticipa, las secuencias provisionales que se pueden proponer son infinitas prácticamente; se trata en estos casos de una función en espera de significación, ya que su inserción en el relato es totalmente imprevisible. La función de la anticipación como tal consiste en sostener la tensión del juego de correspondencias que se abren desde la anticipación hasta su inserción definitiva en el relato. Para que este juego sea posible, el campo de variaciones debe estar acotado, no tendría sentido suponer una anticipación que no abriera una red de posibilidades, porque supondría pasar sin transiciones desde un infinito de posibles al cumplimiento de uno sólo. La anticipación debe ser consumida como tal, esto es, las esperas fundadas a que da lugar no se refieren sólo a la certeza de su cumplimiento, sino, y sobre todo, al cómo los acontecimientos se van a interrelacionar para crear la necesidad de lo anticipado. La lectura es consumir progresivamente el campo de posibles narrativos que quedan abiertos desde la anticipación hasta su cumplimiento. Campo que, por otro lado, es dinámico, ya que está sometido a la continua reestructuración que introduce cada nueva función, cada nuevo eslabón de la historia que se incorpora al relato.

2.2. LAS RECURRENCIAS

«En una obra cada capítulo y, hasta cierto punto, cada una de sus palabras significan en relación con lo dicho en capítulos anteriores y cobran nuevo sentido con cada capítulo sucesivo hasta el último», dice Coseriu [1]. Efectivamente, el sentido último de cada segmento del relato, de cada función, de cada secuencia, no queda definitivamente fijado hasta el cierre del relato, ya que siempre pueden establecer nuevas correlaciones en su mismo nivel o ser integradas a un nivel superior. Pero, sin menoscabo de esa verdad general, resumible a fin de cuentas en la fórmula *todo actúa sobre todo*, podemos tratar

---

(1) En *Teoría del lenguaje y Ling. general* (314/5). Gredos. Madrid, 1967.

de diferenciar en el nivel de las funciones y desde una lectura horizontal —distribucional, por tanto—, ciertos modos de actuación sobre lo ya relatado que originan modificaciones o alteraciones en secuencias que *parecían* haber fijado sus correlaciones causales. El efecto general que se deriva de este reactuar sobre el sentido de las funciones o secuencias aparentemente concluidas es la *sorpresa*.

No nos proponemos, desde luego, un análisis exhaustivo de los diversos procedimientos que producen el efecto de sentido sorpresa. Desde el nivel secuencial en el que hemos fijado este análisis intentaremos sólo precisar cierta clase de sorpresas que pueden ser agrupadas tomando como base el siguiente criterio: consideraremos sólo aquellas sorpresas que dan lugar a una reordenación funcional o secuencial de acontecimientos ya relatados y que *parecían* haber fijado definitivamente sus conexiones. De acuerdo con el rasgo común retroactivo que las caracteriza, las denominaremos *recurrencias*.

No se nos escapa el factor de imprecisión que introduce la noción de *parecer*. ¿Cuándo se puede considerar concluida definitivamente una secuencia? En rigor, únicamente cuando el relato ha terminado. Pero una posición rígida a este respecto nos obligaría también a negar la posibilidad de ser sorprendidos por el relato, o al menos por esta clase de sorpresas que se fundan no en lo insólito o lo asombroso de lo enunciado, sino en su valor retroactivo para revelar como aparente o insuficiente una ordenación anterior. La novela policial ilustra bien este procedimiento por ser particularmente frecuente su empleo. La sorpresa final de esta clase de relatos suele exigir una reelaboración de una o varias secuencias anteriores. Las correlaciones lógicas aparentes tienen una clave oculta que produce la redistribución del orden primariamente ofrecido. En el género policial la sorpresa es obligada y, por tanto, esperada, ya que representa el correlato inevitable de un misterio previo; pero ha de ser también inesperada en la medida en que no debe confirmar la ordenación previamente propuesta o insinuada, sino promover una reordenación lógica de lo anterior desde la revelación final. El relato se estructura sobre dos términos obligados, misterio-resolución, de tal manera que en el segundo término se engendra necesariamente el efecto sorpresa. Esta presencia oficial de la sorpresa sólo pertenece al género policial y constituye, en último extremo, su fundamento.

Esta clase de sorpresas que redistribuyen total o parcialmente el orden precedente, pueden provocar efectos de sentido muy diversos en otra clase de relatos distintos de los policiales, como en seguida veremos. De momento nos limitaremos a examinar en su forma simple este procedimiento en la novela que nos ocupa. Un ejemplo ya conocido, la detención de Santiago Zavala, nos servirá también en este caso. Dejando a un lado la secuencia provisional que originaba la anticipación, nos fijaremos ahora únicamente en el desarrollo de los acontecimientos que conducen a la detención. La causa inmediata de ésta parece ser en principio el retraso que ocasiona la disputa entre Jacobo y Aída. Una vez en la celda los comentarios de los mismos detenidos lo expresan así:

«*Perdimos tontamente el tiempo con esa historia de los novios*» (I-205).

La peripecia policial de Santiago concluye; es puesto en libertad y marcha camino de su casa en compañía de su padre. Entonces es cuando tenemos noticias de un factor fundamental concurrente en su detención: el control telefónico de Fermín, miembro activo de una conspiración importante. Este dato imprevisto constituye una recurrencia que incide sobre la correlación anterior que se había establecido y moviliza significativamente la secuencia. No nos interesa examinar aquí la movilización vertical de la secuencia, es decir, su poder ser objeto de una sintaxis superior que la integre en otros niveles, sino su movilización funcional, que revela como insuficiente el orden precedente y modifica su sintaxis interna. Por otro lado, aunque el control telefónico sea un indicio que caracteriza al sistema político representado, lo que queremos destacar aquí es su capacidad en tanto recurrencia para volver a abrir un campo significativo que parecía cerrado y sólo apto para funcionar como un todo, como unidad de una nueva secuencia de orden superior.

Sin duda, podría intentarse una formulación de las funciones que integran la detención. Pero considerar la detención previa a la recurrencia como una nueva secuencia, descomponiéndola, por ejemplo, en *vigilancia-persecución-captura* (desde la perspectiva de la policía) o en *retraso-captura* (desde la perspectiva de Santiago), no impediría que la recurrencia reabriera nuevamente ambas correlaciones.

Veamos ahora un caso en que la recurrencia cumple una función completamente distinta: en el capítulo V del libro I se narra la relación entre Amalia y Trinidad López. Este es detenido en un par de ocasiones. Tras su primera detención cuenta que lo han «pateado», «puñetazos, combazos, para que denunciara no sabía qué ni quién» (I-99). La segunda vez que lo detienen se acumulan las ambigüedades: desaparece un día de repente y la noticia de su detención llega a través de Pedro Flores, supuesto militante aprista —como Trinidad—, y compañero suyo. Pedro Flores desmiente todo lo que Trinidad ha contado sobre sus actividades políticas y lo trata de «chiflado». Finalmente Trinidad aparece muerto en el hospital de San Juan de Dios; una monja dice que lo encontraron de madrugada en la puerta. Las circunstancias de su muerte no se aclaran:

> «¿Creía que los soplones le habían pegado a Trinidad, don Atanasio, que cuando vieron que se les moría lo habían dejado en la puerta del San Juan de Dios?» (I-106).

Desde la última perspectiva temporal del relato, representada por la conversación Santiago-Ambrosio, el segundo había dejado ya establecida esta incertidumbre:

> «Sí, (murió) medio loco, Amalia creía que de unas palizas que le habían dado en tiempo de Odría» (I-98).

La secuencia parece definitivamente cerrada, nada hace sospechar que se puedan esclarecer las circunstancias de la muerte de Trinidad. En el capítulo IX, sin embargo, se deshace inesperadamente la ambigüedad mediante una recurrencia: aparecen diálogos procedentes del interrogatorio y tortura de Trinidad López. Así nos enteramos de que casi muerto es conducido a escondidas hasta la puerta del hospital por matones a sueldo de la policía. En este caso, la función de la recurrencia no es reordenar la secuencia propuesta como posible, sino confirmarla, suprimir su ambigüedad.

En CC la pluralidad de ejes narrativos y la dislocación temporal favorece extraordinariamente el empleo de las recurrencias. Son tan numerosas que el texto está sometido a una continua reelaboración en el nivel secuencial. Estamos lejos de aquella concepción del relato tradicional como *un objeto que liga, desarrolla, prolonga y fluye*[1]; el texto reordena, modifica, redistribuye las correlaciones, produce una continua efervescencia de sentidos, se hace y se rehace, se escribe y se reescribe a un tiempo. A fuerza de mostrar una y otra vez como inconcluso lo que parecía concluido, logra hacer tan inquietante lo supuestamente conocido como lo desconocido. No se trata, como podría pensarse, de ocultar ciertos hechos y construir el relato sobre sus ausencias, es decir, con los particulares efectos de sentido derivados de una ausencia percibida como tal; sino de que el texto se verosimiliza, desde el punto de vista funcional, para atentar luego contra sí mismo, para revelarse como insuficiente e inacabado. Para que lo oculto pueda cumplir una función antes de que quede revelado, es preciso percibir su ausencia. Es el caso del crimen y la relación Fermín-Ambrosio.

2.3. ANTICIPACIONES Y RECURRENCIAS

Las anticipaciones y las recurrencias son independientes, no se presuponen. Sin embargo, es la utilización conjunta de ambos procedimientos lo que produce el dinamismo de sentidos que caracteriza CC. El procedimiento se puede resumir así:

1. *Anticipación:* aumento de la tensión del re-

----

(1) Barthes, *Literatura y discontinuidad,* en "Ensayos críticos", pág. 213. Ed. Seix Barral. Barcelona, 1973.

lato por la expectativa creada y apertura de los posibles narrativos que crean la necesidad de su cumplimiento.

2. *Despliegue:* confirmación de lo anticipado y primer desbordamiento de las correlaciones previsibles. La secuencia establece nexos causales en apariencia suficientes.

3. *Recurrencia:* modificación o redistribución de la secuencia propuesta en el despliegue, que se revela de este modo como insuficiente o inacabada en su formulación anterior. Desbordamiento de las correlaciones propuestas.

El despliegue no niega necesariamente las correlaciones previstas, antes bien, las desborda, las supera. En el ejemplo propuesto sobre la detención, la disputa entre Jacobo y Aída no niega la defensa del gobierno ante el ataque estudiantil, lo que refuta es su correlación mecánica con la detención, la lógica lineal de la secuencia previsible. A su vez, la recurrencia tampoco niega necesariamente la secuencia ofrecida en el despliegue: el control telefónico no se revela como único antecedente de la detención, sino que introduce un nuevo factor de complejidad, haciendo así del núcleo *fracaso del ataque* (detención) una unidad multideterminada, apresada no sólo por su secuencia lógica, sino por un haz de funciones concurrentes procedentes de otras secuencias distintas.

En definitiva, el problema que se plantea es cómo dar cuenta desde el nivel funcional de esta causalidad lógica que opera a través de funciones pertenecientes a otras secuencias y origina así un relato de fuerte entramado sintáctico, en el que cada acontecimiento tiene una determinación múltiple y compleja. Si, como dice creer Barthes, la secuencia tiene dos polos y la relación existente entre las funciones es de doble implicación —dos términos se presuponen uno a otro—, el único camino viable parece ser aceptar un doble valor de la función como tal: uno fundamental, interno, derivado de su inserción en una secuencia de la que no se puede pensar separadamente; y otro accidental, externo, que le sobrevive por su participación en una secuencia que le es, en principio, ajena.

Pero el esquema anteriormente ofrecido es sólo el modelo simple, que puede ser complicado de muchas maneras. Un caso que se presenta con cierta frecuencia en CC es que una misma función sea portadora de un doble valor, es decir, constituya simultáneamente una anticipación y una recurrencia. En estos casos, el valor retroactivo no agota la función, sino que se combina con otro anticipador. El valor funcional del control telefónico de Fermín, por ejemplo, es doble: no sólo modifica la secuencia anterior, sino que además sirve para anticipar la conspiración del general Espina y la participación de Fermín:

«¿*La conspiración del general Espina?* —*dijo Carlitos*—. *¿Tu padre estuvo complicado también? Nunca se supo*» (I-215).

La función remite entonces en dos direcciones opuestas: hacia lo ya relatado y hacia el curso posterior del relato. Este ejemplo, habida cuenta de la distancia que separa la anticipación de su despliegue, plantea nuevas consideraciones. Anticipar una secuencia es una forma de énfasis, un modo de subrayar una secuencia posterior, pero también es abrir a lo anticipado un modo de presencia virtual que gravita sobre el texto hasta que se produce su despliegue. Como lo anticipado es ya inteligible, se muestra apto para establecer sus propias correlaciones externas, es decir, para funcionar como un todo, como una unidad lógica que entra en relación causal con otras. En el ejemplo mencionado, una vez anticipada la conspiración de Espina, aparece una consecuencia de ella que precede al despliegue de lo enunciado. Dicho de otro modo: todavía no conocemos en qué consistió exactamente la conspiración, cuando ya nos enfrentamos con algunos hechos derivados de ella. Fermín pierde el favor del gobierno a causa de su participación:

> «Le habían quitado al laboratorio la concesión que tenía con los bazares de los Institutos Armados... Lo peor es lo de la constructora ... no han vuelto a darnos un medio, pararon todos los libramientos y nosotros tenemos que seguir pagando las letras» (I-233).)
> «El canallita de Bermúdez nos puso al borde de la quiebra» (II-46).

Esta posibilidad de la secuencia de entrar a formar parte, como un todo, de una secuencia de orden superior, viene dada por la anticipación que, al nombrarla, la constituye como unidad sintáctica. El despliegue dinamizará después lo anticipado, estableciendo la causalidad interna de las unidades que la componen.

2.3. LA CAUSALIDAD IMPLÍCITA

El empleo de diversos planos narrativos permite un entrecruzamiento de las secuencias que da lugar a esa multideterminación sintáctica de las unidades del relato. La multideterminación causal, apoyada en el procedimiento de anticipaciones y recurrencias, es el fundamento de ese «fuego cruzado de sentidos» que caracteriza el relato.

En fuerte contraste con esta causalidad múltiple y explícita, se encuentran ciertas secuencias cargadas de *sospecha,* cuya causalidad es preciso *reconstruir.* Esta causalidad implícita gira en el relato alrededor de Cayo Bermúdez. La locuacidad y certeza de los discursos directos de este personaje acerca de la situación política se hacen silencio y sospecha respecto a su vida sexual y sus manipulaciones de las vidas ajenas. El efecto de profundidad psicológica del personaje se logra mediante la contraposición de sus dos discursos: el de su actividad política y el de su vida privada. Nos ocuparemos aquí sólo de la sospecha que rodea su actividad sexual, lograda mediante acumulación de índices relativos a su carácter.

Uno de los misterios oficiales de la novela, la relación entre Fermín y Ambrosio, queda sin confirmar en cuanto a sus preliminares. ¿Fue casual o la preparó Cayo Bermúdez? Sólo en una ocasión se especulará sobre ello:

> «*—Quiere decir que no sólo sabía —dijo Queta, moviéndose—. Por supuesto, por supuesto. Quiere decir que Cayo Mierda preparó todo eso.*
> *—No sé —la cortó Ambrosio...—. No sé si sabía, si lo preparó. Quisiera saber. El (Fermín) tampoco sabe. ¿A usted no le ha?*
> *—Sabe ahora, eso es lo único que yo sé —se rió Queta—. Pero ni yo ni la loca le hemos podido sonsacar si lo preparó. Cuando quiere es una tumba*» (II-251).

La causalidad no se hace explícita en ningún momento y se hace necesaria reconstruirla mediante una notación de carácter referente a Cayo: su sentimiento de *cholo,* su conciencia de saberse despreciado por la clase dirigente. Sólo en un momento concreto se sugiere la maquinación de

Cayo. En un comentario distraído, Fermín dice refiriéndose a San Marcos que es una «cholería infecta». Fermín trata de disculparse inmediatamente, junto a sus disculpas aparece el pensamiento simultáneo de Cayo: «Te diste cuenta, hijo de puta» (I-288). La conversación continúa y finalmente se despiden. Cayo sube al coche, Ambrosio es su chófer:

> «*El (Cayo) hojeaba el sobre que le había entregado don Fermín, y a ratos sus ojos se apartaban y se fijaban en* la nuca de Ambrosio: el puta *no quería que su hijo se junte con cholos, no quería que le contagiaran malos modales. Por eso invitaría a su casa a tipos como Arévalo o Landa, hasta a los gringos que llamaba patanes, a todos, pero no a él.* Se rió, *sacó su pastilla del bolsillo y se llenó la boca de saliva: no quería que le contagies malos modales a su mujer, a sus hijos*» (I-300).

Es evidente que Cayo conoce la homosexualidad de Fermín; «el puta» queda transcrito inmediatamente después de Ambrosio, separadas ambas palabras por dos puntos. Esa particular disposición de los dos nombres provoca nuestra sospecha, que se ve reforzada además por un caso semejante visto ya anteriormente: Ambrosio menciona a Hortensia en su conversación con Santiago e inmediatamente después, separadas también por dos puntos, se transcriben unas palabras de Fermín indicando a Ambrosio la conveniencia de abandonar Lima (véase 1.3). Se trata en ambos casos de proporcionar una pista a partir de la disposición espacial de las palabras y del signo de puntuación utilizado. Pero en el caso que examinamos, la sospecha no se ve explícitamente confirmada y exige un desciframiento por parte del lector, que ha de ponerlo en relación con la caracterización perversa del personaje. El «se rió» sólo puede derivarse de la satisfacción que produce a Cayo, tan dado a incluir en imaginarias escenas sexuales a sus interlocutores, ante la idea de ver a Fermín convertido en pareja de un negro.

LOS DIALOGOS

El narrador de una historia, verdadera o no,
no se limita simplemente a enumerar los hechos,
sino que trata, por lo general, de organizarlos
y conferirles un sentido que rellene la pura seriación. El intento de suprimir ese sentido im-
puesto visiblemente por el narrador dio lugar
en su versión más extrema al behaviorismo: la
renuncia expresa a incluir en el enunciado novelesco todo lo que no puede ser captado por
un observador exterior. Los resultados de este
intento los expresó bien J. Goytisolo: «... uno
de los méritos de los behavioristas era ocultar
la parcialidad de sus juicios y hacerlos pasar por
imparciales» . Sin duda, el fundamento de lo
que es objetivo y verosímil en literatura pertenece a la convención literaria de la época, lugar
donde se encuentran y tienden a identificarse las
reglas del género y lo que el lector contemporáneo a la obra percibe como *natural*. Francamen-
te, es difícil imaginar lo que pensaría Flaubert
sobre la desaparición del narrador del mundo narrado en las novelas de Vargas Llosa.

Con relación a los diálogos, se puede afirmar
que constituyen un procedimiento objetivador

de primer orden, así reconocido y empleado ya por los naturalistas franceses. En efecto, en los actos de habla representados en el enunciado narrativo, la presencia del sujeto enunciante puede reducirse a un mínimo: la designación del emisor. Mínimo que puede incluso llegar a desaparecer totalmente: se transcriben varias intervenciones de distintos emisores sin designarlos. Pero esto no siempre significa que el anonimato de los hablantes esté directamente al servicio de la objetividad; el anonimato como efecto de sentido puede estar subordinado a otros fines.

En CC, como en «Pantaleón y las visitadoras», hay capítulos enteros construidos casi exclusivamente en unos casos, y totalmente en otros, mediante diálogos. La presencia del narrador parece no ir más allá de la simple designación de los emisores. El *soporte* narrativo, es decir, la situación del discurso que permite situar y precisar el sentido de esos diálogos, viene dado por los capítulos anteriores o por su entrecruzamiento con otros diálogos procedentes de otras situaciones.

La alternancia de los diálogos, que remiten a distintos planos temporales, no sólo produce ese transvase de emociones y tensiones tan reiteradamente aludido y defendido por Vargas Llosa y muchos de los críticos que se han ocupado de su obra; su contrapartida inevitable es una disminución del efecto dramático inmanente al desarrollo ininterrumpido de un mismo diálogo y, al mismo tiempo, un debilitamiento del valor connotativo de ciertos discursos, lo que Bally denominaba el *efecto de evocación por el ambiente*. Trataremos de examinar aquí con cierto detenimiento el capítulo VII del primer libro de CC, constituido casi exclusivamente por diálogos. En la transcripción que sigue puede apreciarse la evocación de determinada retórica política que entra en diálogo con el texto, donde se entremezcla el lenguaje público oficial de la práctica política representada y su lenguaje privado:

«—*Fundamentalmente, dos cosas —dijo el doctor Ferro—. Primera, mantener la unidad del equipo que ha tomado el poder. Segunda, proseguir con mano dura la limpieza. Universidad, sindicatos, administración. Luego, elecciones y a trabajar por el país.*
—Todo es cuestión de empréstitos y de créditos —dijo don Fermín—. Los Estados Unidos están dispuestos a ayudar a un gobierno de orden, por eso apoyaron la revolución. Ahora quieren elecciones y hay que darles gusto.
—Los gringos son formalistas, hay que entenderlos —dijo Emilio Arévalo—. Están felices con el general y sólo piden que se guarden las formas democráticas. Odría electo y nos abrirán los brazos y nos darán los créditos que hagan falta.
—Pero ante todo hay que sacar adelante el Frente Patriótico Nacional o Movimiento Restaurador o como se llame —dijo el doctor Ferro—. Para eso es básico el programa y por eso insisto tanto en él.
—Un programa nacionalista y patriótico, que agrupe a todas las fuerzas sanas —dijo Emilio Arévalo—. Industria, comercio, empleados, agricultores. Inspirado en ideas sencillas pero eficaces.
—Necesitamos algo que recuerde la excelente fórmula del mariscal Benavides —dijo el doctor Ferro—. Orden, Paz y Trabajo. Yo he pensado en Salud, Educación, Trabajo. ¿Qué les parece?» (I-147/8/9).

La autoexclusión del narrador, que señala sólo a los hablantes, no impide vincular el diálogo a un medio determinado, a un cierto estilo político connotado en los diálogos. Pero en el texto esos diálogos se alternan con otros de la siguiente forma: entre la primera y la segunda intervención se intercalan tres actos de habla (uno de ellos perteneciente a la conversación Trifulcio-Ambrosio y los otros dos desde la conversación Santiago-Ambrosio), las sucesivas intervenciones se encuentran separadas entre sí por una intervención procedente del diálogo Trifulcio-Ambrosio. Esta alternancia regular es indispensable para que no desaparezca el valor evocativo de la transcripción anterior que, pese a esto, resulta debilitado. La alternancia regular permite seguir los zig-zags del discurso sin excesiva dificultad; pero cuando la posibilidad de aparición de los diálogos se hace totalmente imprevisible, es decir, cuando la alternancia es predominantemente irregular, los valores dramáticos y evocadores de los diálogos prácticamente desaparecen.

La alternancia de los diálogos desde el punto de vista de la función o de la secuencia narrativa no es sino la fractura de su significado en varios significantes distantes entre sí. La dificultad para la captación del sentido de los diálogos viene agravada no sólo por la ausencia del narrador, que siempre suele suturar en alguna medida las diferentes unidades de la secuencia, sino además por la absoluta discontinuidad con que se suceden: no hay dos intervenciones sucesivas que correspondan a una misma conversación, aunque sí hay, desde luego, una cierta regularidad en su alternancia. El contexto de cada diálogo y el mutuo apoyo de sentido que se prestan unos a otros exigen una reconstrucción por parte del lector. Aquí nos ocuparemos solamente de las modificaciones de sentido originadas por la alternancia de los diálogos.

Partiendo del supuesto de que bajo la aparente multiplicidad y heterogeneidad de los diálogos tiene que darse una permanencia de ciertas categorías significativas que permitan aprehender globalmente el sentido último de la aparente diversidad, empezaremos por distinguir aquellos diálogos susceptibles de formar una secuencia, de aquellos otros en los que predomina el carácter indicial. Los primeros son los más abundantes. Incluso una de las conversaciones en las que parece predominar el carácter indicial (la conversación entre el coronel Espina y Cayo Bermúdez, en la que el primero aconseja al segundo que descanse de sus quince horas de trabajo diarias, que use el coche que le corresponde, alquile una casa en vez de vivir en un hotel y «eche una cana al aire» de vez en cuando), que remitiría al concepto de amistad, se revela después como anticipación de ciertas funciones posteriores: Cayo contratará a Ambrosio como chófer en este mismo capítulo y pondrá una casa a Hortensia en el capítulo IX. Sólo el consejo referente al descanso tiene un valor estrictamente indicial, ya que connota la intensa actividad de Cayo como encargado de la seguridad del régimen, actividad en la que, como veremos, quedan articulados la mayor parte de los diálogos.

La secuencia mayor del capítulo viene enunciada por el doctor Ferro en la primera de las intervenciones anteriormente transcritas: eliminar la oposición política para poder llamar a elecciones. Para Cayo Bermúdez, presente en la conversación, este enunciado constituye su tarea inmediata, es una *orden*. El es el aliado que presta su ayuda al nuevo poder, ayuda que es un intercambio de servicios, puesto que ése es su trabajo como director de gobierno. Los diálogos dan cuenta de la actividad de Cayo como agente que se encarga de cumplir las tareas que se mencionan: él decide que la guardia de asalto tome la Universidad y se practiquen detenciones de estudiantes, promete ocuparse de los sindicatos, ficha a los prefectos y subprefectos del régimen anterior y trata de hacer desaparecer la publicación clandestina «La Tribuna».

Los diálogos que se refieren a «La Tribuna» se pueden jerarquizar secuencialmente de un modo muy simple, utilizando para casi todos los casos el mismo modelo secuencial. El asunto de esta publicación se puede resumir así: el coronel Espina, ministro, ordena a Cayo Bermúdez que haga desaparecer «La Tribuna»; como la orden no puede ser cumplida inmediatamente, Cayo promete su desaparición. La secuencia ORDENAR queda descompuesta así: *prometer-intentar-lograr* (damos por supuesto que toda orden desemboca en su cumplimiento). El *intentar* de Cayo se convierte en una secuencia semejante imbricada en la anterior: ordena a Lozano que tome las medidas oportunas para que «La Tribuna» desaparezca. Lozano *promete* a Cayo su desaparición y abre así una secuencia idéntica a la anterior, pero subordinada a ella. A su vez, el *intentar* de Lozano se transforma en una nueva orden, dirigida esta vez a Ludovico e Hipólito. Finalmente, el *intentar* de estos dos personajes se traduce en un interrogatorio a un detenido concreto, Trinidad López. La secuencia del interrogatorio se puede descomponer en *preguntar-amenazar-torturar*.

De esta manera, cuatro diálogos pertenecientes a cuatro situaciones distintas se pueden jerarquizar de acuerdo con sus correlaciones lógicas como sucesivas secuencias imbricadas que se integran como unidades en una secuencia de orden superior. Este sería el esquema:

```
ORDENAR (Espina)
  |
Prometer-intentar-lograr (Cayo)
         |
      ORDENAR
         |
       Prometer-intentar-lograr (Lozano)
              |
           ORDENAR
              |
            Prometer-intentar-lograr (Ludov. e Hipólito)
                   |
                INTERROGAR
                   |
                 Preguntar-amenazar-torturar (Trin.)
```

El esquema alterna las acciones de los agentes: a una acción de un superior (en el escalafón político-policial) corresponde un comportamiento de un inferior en jerarquía. Esta alternancia se rompe en la última secuencia, coincidiendo con la participación de un agente que no pertenece a la estructura que organiza a los otros. Trinidad López no es el sujeto de su secuencia, sino el agente-objeto.

No es indispensable que todas las funciones de cada una de las secuencias aparezcan en el enunciado. El narrador tiene libertad para actualizarlas o mantenerlas en estado virtual [1]. Además, varias unidades pueden quedar sintetizadas en un solo enunciado, que es precisamente lo que sucede en este caso con los núcleos de *lograr,* como en seguida veremos.

La misma secuencia de ORDENAR sirve igualmente para articular dos funciones que aparecen

---

(1) Claude Bremond, *La logique des possibles narratifs.* Communications, 8, op. cit.

en el capítulo: la promesa de «limpiar» los sindicatos *(prometer)* y la toma de la universidad *(lograr)*, que se situarían a un nivel superior al de la primera secuencia del esquema. No importa que en el caso de la universidad, Cayo actuara sin orden directa de Espina, según dice el texto, porque a fin de cuentas en eso consiste su trabajo; el actuar sin consultar de Cayo constituye un índice de su progresivo afianzamiento en el poder.

Los diversos núcleos de *lograr*, que aparecen en las diferentes secuencias que componen el esquema, se confirman globalmente en el capítulo IX:

«... *En año y medio (Cayo) nos borró del mapa a los apristas y a los comunistas y pudimos llamar a elecciones*» (I-179).

Bajo la aparente heterogeneidad de los diálogos subyace, como puede apreciarse, una estructura secuencial bastante simple que tiene su fundamento temático en la actividad político-policial. La presencia de Cayo en la mayor parte de los diálogos confirma la homegeneidad temática, ya que es él quien se encarga de la seguridad, y constituye un principio organizador desde el punto de vista de los sujetos emisores. El capítulo, organizado según los personajes y los temas, arroja el siguiente resultado:

— Cayo Bermúdez habla con:

1. El subperfecto.
   Tema: la entrada de la policía en la universidad de San Marcos.
2. El coronel Espina.
   Tema: la «limpieza» de la universidad, el peligro de los sindicatos, la desaparición de la Tribuna.

3. Lozano.
   Tema: terminar con «La Tribuna».
4. Alcibíades.
   Tema: renuncia de los prefectos del régimen anterior. Su control.
5. Paredes.
   Tema: fusionar los archivos políticos y militares para un mejor control de la situación política futura.
6. Espina (en una conversación distinta de la anterior).
   Tema: la necesidad de que Cayo se tome algún descanso.
7. Fermín Zavala.
   Tema: asuntos personales. Situación de descanso para Cayo, que conoce a Hortensia en un club nocturno.

— Conversación entre los dirigentes políticos y económicos que acaban de tomar el poder.
   Tema: la configuración del nuevo poder y la eliminación de la oposición.
— Hipólito y Ludovico interrogan a Trinidad López.
   Tema: «La Tribuna».
— Ludovico y Ambrosio.
   Tema: el interrogatorio de Trinidad y el sadismo de Hipólito.
— Relato sobre Trifulcio, que alterna la narración y el diálogo.
   Tema: su salida de la cárcel, ida a Chincha, encuentro con Ambrosio, que al día siguiente sale hacia Lima y se ofrece a Cayo como chófer.
— Ambrosio-Fermín.
   Tema: los padres de Ambrosio, Trifulcio y Tomasa.
— Ambrosio-Santiago.
   Tema: el mismo que el anterior.

Como puede apreciarse, la mayoría de los diálogos quedan articulados en la secuencia ORDENAR. Además, la historia de Trifulcio desemboca también en Cayo y en uno de sus interlocutores: Ambrosio entra a trabajar al servicio de Cayo y Trifulcio es contratado por Emilio Arévalo. En cuanto a las dos conversaciones restantes, Ambrosio-Fermín y Ambrosio-Santiago, deben ser consideradas aparte, según vimos en 1.3 y 1.6.

En resumen, los diálogos se organizan en torno a dos personajes: Cayo Bermúdez y Trifulcio, siendo con mucho el primero el principal. Cayo representa la práctica político-policial; de ahí que los enunciados referentes a Trifulcio, que todavía no aparece vinculado a ninguna actividad política, se perciban como los menos conectados al sentido general. Por otra parte, los escasos fragmentos narrativos del capítulo tienen a Trifulcio por protagonista.

Las interrelaciones señaladas entre los diálogos que componen el capítulo muestran la vinculación de temas y personajes con la práctica política, que constituye la base de significación común capaz de organizar y jerarquizar el torrente de diálogos. Esta permanencia significativa se hace tanto más indispensable y patente si tenemos en cuenta que la superficie del texto por su discontinuidad y complejidad impide la captación individualizada y autónoma de los diferentes diálogos, imponiendo así una captación de sentido global. Pero esto último requiere un análisis más detenido.

3.1. LA SUPERFICIE DEL TEXTO

Si no fuéramos más allá del análisis secuencial que tan brevemente hemos hecho, lo dicho quedaría a una distancia enorme de lo que aflora a la superficie del texto. En efecto, la misma estructura secuencial podría haber llegado a la superficie textual por caminos y procedimientos absolutamente distintos. La alternancia de los diálogos no queda explicada con lo dicho.

Lo primero que se advierte en los diálogos es que ese narrador que decide autoexcluirse, según decíamos al principio, sólo lo hace aparentemente. Su presencia, que parece reducirse a señalar a los emisores, se puede detectar no ya sólo en su elección de presentar los acontecimientos a través de diálogos (que narran en pasado la toma de la universidad, por ejemplo, en lugar de narrarla desde la situación misma), sino sobre todo en su evidente intervención en la supresión o el distanciamiento de los diálogos pertenecientes a una misma conversación y la dosificación de su alternancia.

Un diálogo procedente de una escena especialmente dramática, como es el interrogatorio de Trinidad López (personaje con historia detrás y bien individualizado para el lector), no explota su potencialidad dramática; sólo hablan los torturadores, pero no hay informaciones sobre el contexto, ni se especifica a qué clase de tortura se le somete, ni se mencionan gestos o contracciones de dolor. Con independencia del valor recurrente del interrogatorio, ya analizado en 2.2, ¿qué justifica el que estos diálogos no desarrollen sus posibilidades dramáticas, que no expresen su aspecto «conmovedor»? La respuesta puede ser la siguiente: por un lado, su detención queda aquí articulada en una secuencia superior; por otro, la renuncia a desarrollar los efectos dramáticos implica una potenciación de su sentido como parte integrante de la secuencia. Dicho de otro modo: hay un desplazamiento del valor emotivo de estos diálogos en favor de su valor como función, que se inscribe en una red de

75

significaciones que tiende a desparticularizar el hecho. No se trata de mostrar el «horror» de la tortura de ese personaje llamado Trinidad López, sino de generalizarlo de dos maneras: una, trascendiendo su valor de caso concreto mediante su inscripción en una secuencia que remite al gran eje temático del relato, la práctica política, que le confiere un valor general, ya que su caso es sólo una particularización del extremo de una cadena que puede ser ocupada por cualquier otro agente (él es solamente uno entre los torturados); la segunda forma de abstraer al personaje es su misma caracterización política anterior: no se llega a saber si Trinidad López es un militante político de verdad o un obrero textil detenido casualmente. Esta ambigüedad deja abiertas las dos posibilidades: no sólo los militantes políticos son perseguidos, sino que cualquier individuo puede ser detenido y torturado por mera sospecha o error. La generalización alcanza también a los torturadores, ya que un diálogo perteneciente al mismo capítulo (Ludovico-Ambrosio) deja entrever que la tortura desborda el ámbito puramente policial en que parecía situarse:

«—*Por primera vez nos dieron un tipo de Vitarte (se refiere a Trinidad) a los dos solos —dijo Ludovico—. Ninguno del escalafón para requintarnos, les faltaba gente*» (I-145).

En otras palabras, se contrata personal auxiliar para la tortura. El lugar de Ludovico e Hipólito puede ser ocupado por otros individuos cualesquiera que, como ellos, tampoco pertenezcan al cuerpo de policía. Los papeles de Trinidad y sus torturadores son en cierta medida intercambiables; se trata de un régimen político que

convierte en potenciales torturadores o torturados a los miembros de su sociedad.

Pero regresemos nuevamente al texto. Aproxi-
mar emotivamente la escena del interrogatorio
hubiera supuesto subordinar su valor dentro de
la secuencia a su valor interno como función;
de este modo, en cambio, la relación se invierte.
Argumentaciones semejantes se pueden hacer respecto a los otros diálogos que sólo «se asoman»
a la superficie del texto en forma fragmentaria,
eliminando los diálogos innecesarios desde el
punto de vista de la secuencia; pero indispensables, como lo son también generalmente los contextos, para captar con relieve propio una situación.

El uso del diálogo para narrar hechos como la
toma de San Marcos, distancia, desdramatiza el
acontecimiento; serializa su valor al de ser sólo
uno más de los objetivos que se proponen los
sujetos de la práctica política representada. Quienes hablan de este hecho no son testigos ni participantes en lo sucedido.

3.1.1. LA SECUENCIA Y LA ALTERNANCIA DE LOS DIÁ-
LOGOS

De lo dicho hasta ahora se puede concluir que
las unidades que componen la secuencia, las funciones, y con ellas sus posibles efectos dramáticos y evocadores, se subordinan a su inscripción en la secuencia correspondiente. Pero hasta
ahora únicamente hemos tenido en cuenta la su-
supresión o el distanciamiento de los diálogos
procedentes de una misma situación. Falta por
considerar, pues, la superficie del texto en su
manifestación concreta, esto es, en su alternancia
de los diálogos, en el continuo entrecruzamiento
de las intervenciones.

Como puede observarse en el texto, la distancia que separa los diálogos de aquellos otros que son su prolongación, que constituyen su encadenamiento secuencial o que les confieren un valor general, es considerable; hasta el punto de precisar una atenta reconstrucción en más de un caso. Dando por sentado que no es necesario que concluya una secuencia para que se inicie otra y que, en definitiva, es ese intercalarse de unas secuencias en otras lo que permite al relato *avanzar* y *sostenerse*, se plantea el problema de dar cuenta de esa alternancia incesante que lleva al límite esa posibilidad de intercalación de las funciones y secuencias.

Si la captación diferenciada de las funciones se encuentra subordinada a la secuencia, la captación de la secuencia concreta también lo está con respecto al entrecruzamiento de funciones heterogéneas que obstaculizan lo que podríamos llamar la «nitidez» de las secuencias y la percepción de sus inserciones mutuas. Esta sucesión de diálogos permanentemente desplazados y sustituidos no permite que ninguno de ellos alcance a *ocupar* el espacio textual necesario para su percepción autónoma; lo único que permanece en esa sucesión cambiante es el resto común de sentido compartido por los distintos diálogos: la práctica política que los articula, única estructura significativa que, al subyacer a la alternancia y constituir su instancia última de jerarquización, es doblemente sostenida y puesta de relieve por la discontinuidad de los diálogos.

La crítica ha señalado ya que la complejidad de las novelas de Vargas Llosa obliga a más de una lectura para poder fijar claramente las correlaciones causales y temporales de los hechos que se narran. La lectura óptima es, desde luego, indispensable para el crítico, pero no para el lector normal, que capta, con relación a las alternancias que hemos examinado, el sentido global narrativo que las organiza y atraviesa el enunciado de un extremo a otro: el fracaso colectivo que se deriva de la práctica política representada. Pero de esto tendremos que hablar más adelante.

3.1.2. CONCLUSIONES

Trataremos ahora de resumir las conclusiones obtenidas hasta este momento:

1. La separación de los actos de habla pertenecientes a una misma situación, unido a la supresión de los enunciados cuyo sentido viene dado a través de diálogos procedentes de otras situaciones, provoca un debilitamiento del valor dramático de los diálogos interrumpidos y de los valores connotativos que poseen algunos discursos.

2. El valor interno de la función queda subordinado a su valor como unidad en la secuencia que la engloba. No se trata sólo de subordinación sintáctica, sino también de la misma significación interna de la función, que recibe indicaciones indispensables para su sentido desde otras situaciones. Estas indicaciones poseen un valor semántico traslativo y actúan como conectores sintácticos del relato. Este es el caso de «La Tribuna» clandestina, por ejemplo; basta su simple mención desde el diálogo Hipólito-Ludovico para que éste adquiera inmediatamente un sentido: interrogatorio policial.

3. La autoexclusión del narrador da lugar a una causalidad de tipo implícito que debe ser reconstruida por el lector; tarea nada fácil teniendo en cuenta que la verosimilitud de los diálogos, cuya situación de discurso no está representada, impide una redundancia extra-coloquial de cara

al lector. Por otro lado, los diálogos no sólo se ven sometidos a la ley del mínimo esfuerzo del hablante, sino que se suprimen además aquellos que el lector podrá reconstruir cuando disponga de elementos suficientes que le son proporcionados posteriormente. A esto hay que añadir el entrecruzamiento de los planos temporales, que se alternan sin que pueda preverse su aparición.

4. La secuencia queda subordinada a su entrecruzamiento con otras secuencias, lo cual crea una superficie textual «tejida» por voces de distinta procedencia temporal y espacial que crean dificultades para su particularización y articulaciones mutuas. Este fluir cambiante e imprevisible hace aflorar a la superficie del texto el eje temático que lo organiza y da cuenta de su multiplicidad: la práctica política.

LA PRACTICA POLITICA COMO EJE TEMATICO ORGANIZADOR DEL RELATO

La práctica política desempeña un papel demasiado importante en el relato como para intentar una explicación de los personajes y sus relaciones al margen de ella. El criterio político posee un gran poder clasificador en el mundo de la novela y puede proporcionarnos las claves de los comportamientos de los personajes y de sus relaciones fundamentales. Ofrece, de momento, la ventaja de situarnos directamente en un nivel que permite definir clases de personajes o de agentes y eliminar los deslices psicológicos que siempre acechan a una aproximación a los personajes-individuos. La razón de esta doble ventaja se encuentra en la peculiaridad de la esfera de acción política que trasciende por su misma naturaleza a los individuos implicados en ella. Estas son las oposiciones que se pueden extraer de la práctica política representada:

1. Podemos considerar la práctica política articulada en dos semas, que tomamos de las categorías gramaticales: sujeto y objeto. Esta oposición no está explícitamente expresada en el texto, pero es inmanente al sistema político en él representado: tras el golpe militar de Odría,

la única oportunidad que se ofrece al objeto de esa práctica política (la sociedad peruana) de convertirse en sujeto de esa práctica, es ejercer el derecho de voto en unas elecciones previamente amañadas: detención del candidato de la oposición

> «*no sé por qué aceptaron que hubiera un candidato de la oposición si a última hora iban a dar marcha atrás y a encarcelarlo*» (I-177).

y manipulación de las urnas electorales (I-188/89/90). La oposición es, por tanto, pertinente para diferenciar a los sujetos de esa práctica, quienes ejercen el poder, de los que son objeto de ella.
  2. Sin embargo, esta sola oposición incluye en el mismo grupo a sujetos que mantienen entre sí diferencias importantes: los Estados Unidos, los capitalistas peruanos (Landa, Emilio Arévalo, Fermín Zavala), los militares en el poder (Odría, Espina, Paredes), los miembros del aparato político-policial (Lora, Cayo Bermúdez, Lozano, Alcibíades, etc.). Estas diferencias pueden formalizarse introduciendo la categoría de duración relativa, articulada en los semas larga duración y corta duración, que para mayor comodidad proponemos denominar permanente y temporal. Los sujetos permanentes de la práctica política son los Estados Unidos, el Ejército y el capitalismo peruano, mientras que el sujeto temporal lo constituyen los militares y civiles en el poder. Existe, además, una subordinación del sujeto temporal al sujeto permanente. He aquí los textos de donde hemos extraído la nueva oposición:

> «—*Los exportadores, los antiapristas, los gringos y además el Ejército —dijo Bermúdez—. La platita y la fuerza. No sé de qué*

se puede quejar Odría. No se puede pedir más.

—El Presidente conoce la mentalidad de estos hijos de puta —dijo el coronel Espina—. Hoy te apoyan, mañana te clavan un puñal en la espalda.

—Como se lo clavaron ustedes a Bustamante —sonrió Bermúdez, pero el coronel Espina no se rió—. Bueno, mientras los tengan contentos apoyarán al régimen. Después se conseguirán otro general y los sacarán a ustedes. ¿Siempre no ha sido así en el Perú?» (I-68).

«... —dijo Cayo Bermúdez—. Ahora el elemento más peligroso es el civil, mañana será el militar» (I-145).

La oposición entre el grupo que oficialmente ejerce el poder y los otros sujetos políticos es confirmada por los mismos acontecimientos del relato: el mismo coronel Espina ensaya el golpe militar con el visto bueno de los Estados Unidos (II-60) y, aunque fracasa en su intento, ilustra perfectamente la oposición y la subordinación del sujeto temporal: ninguno de los conspiradores es apresado ni acusado; por el contrario, se trata de ocultar la conspiración por todos los medios para no dañar la imagen del régimen, llegando incluso a hacer importantes concesiones a los frustrados golpistas para evitar el escándalo (II-53/90). Cayo Bermúdez insiste frecuentemente en la temporalidad y dependencia del poder oficial:

«... La fuerza del régimen era el apoyo de los grupos que cuentan. Y eso ha cambiado. Ni el Club Nacional, ni el Ejército, ni los gringos nos quieren mucho ya. Están di-

*vididos entre ellos, pero si se llegan a unir
contra nosotros, habrá que hacer las ma-
letas...»* (II-67).

3. El sujeto político temporal puede constituirse de dos maneras: a través del golpe militar o mediante elecciones. En el primer caso se
trata de un sujeto de hecho y en el segundo de
derecho. El general Odría, que toma el poder por
la fuerza, convoca elecciones para satisfacer a los
Estados Unidos, pero la manipulación de las elecciones anula la posible oposición que se podría
establecer entre ambos modos de acceso al poder; de la misma manera que reduce a la pobla-
ción a la situación de mero objeto de la práctica política. La posible oposición es anulada más
ampliamente con ocasión del entierro de Fermín
Zavala, uno de los sujetos permanentes:

*«... y al entrar al comentario habían lle-
vado la cinta un momento un ministro pra-
dista, un senador odriísta, un dirigente aprista y otro belaundista»* (II-279).

Representantes del poder legal (Manuel Prado
es presidente electo a la muerte de Fermín), del
antiguo poder legal (Odría) y de grupos políticos
reconocidos oficialmente, rinden así tributo a su
común condición de existencia: su subordinación al capitalismo peruano (Fermín Zavala) y,
a través suyo, al Ejército y a los Estados Unidos.
El poder temporal queda así subordinado a los
sujetos permanentes, sin que su procedencia, legal o ilegal desde el punto de vista formal, ni su
composición civil o militar, creen oposiciones
pertinentes.
4. Pero todavía quedan tres sujetos políticos
permanentes (Estados Unidos, el capitalismo peruano y el Ejército), entre los que es posible se-

ñalar nuevas oposiciones. En uno de los textos
reproducidos anteriormente se expresa la idea
de que los detentadores del poder económico *se
consiguen* el general que necesitan en el momento que les parece oportuno. Los protagonistas
inmediatos del golpe son los militares, el cambio
político pasa por ellos necesariamente. Son, pues,
los intermediarios de los sujetos que lo planean,
deciden y proporcionan el dinero para llevarlo
a cabo. Los Estados Unidos y el capitalismo peruano son, por tanto, los sujetos mediatos. He
aquí algunos textos:

(abortada la conspiración de Espina, Fermín
Zavala trata de justificar su participación en ella.
La acotación ocupada por el pensamiento de
Cayo elimina el valor situacional de lo que dice
Fermín y le confiere un valor general)

> «—*Si yo me hubiera puesto a conspirar
> de veras las cosas no habrían ido tan mal
> para Espina, si Landa y yo hubiésemos sido
> los autores de esto las guarniciones compro-
> metidas no hubieran sido cuatro sino diez
> —... y él (Cayo Bermúdez) pensó como si
> todo lo que dice estuviera de más, como si
> fuera mi obligación haber sabido eso desde
> siempre—. Con diez millones de soles no hay
> golpe de estado que falle en el Perú, don
> Cayo»* (II-63).

La utilización que hace Fermín de esa verdad
general, que ha fallado casualmente, para justificarse, la confirma aún más. El que la conspiración sea abortada no invalida lo señalado.
En el texto queda claro que el golpe falla por
la intervención casual de un coronel que denuncia la conspiración («el régimen le debe la vida,
o casi», II-66).

5. Finalmente, los dos sujetos permanentes y mediatos, los Estados Unidos y el capitalismo peruano, mantienen entre sí una oposición desde el punto de vista del lugar de actuación. El segundo actúa desde dentro, mientras que el primero lo hace desde fuera; lo cual podría designarse oponiendo un sujeto interior a un sujeto exterior. En cuanto a su relación de subordinación o dependencia, tampoco cabe la menor duda; como se recordará, uno de los capitalistas señala la necesidad de «darles gusto» (I-148).

El conjunto de articulaciones que subsume el sujeto de la práctica política se puede resumir en este cuadro de conjunto:

SUJETO

PERMANENTE   TEMPORAL (poder oficial
                          establecido)

MEDIATO   INMEDIATO (Ejército)

EXTERIOR   INTERIOR (capitalismo peruano)
(Estados Unidos)

Como se puede observar, los sucesivos investimientos sémicos del sujeto vienen proporcionados en su mayor parte por los enunciados de Cayo Bermúdez. La objetividad de sus discursos será objeto de estudio más adelante. (Véase 7.2.1.)

4.1. El objeto de la práctica política

La sociedad peruana, que es el objeto de la práctica política, queda representada de distintos modos en la narración. La práctica primera del sistema político llegado al poder sobre la formación social que se impone es la elimina-

86

ción o neutralización del enemigo político, potencial o real, y el mantenimiento en la pasividad de los políticamente inactivos. Los comentarios de los capitalistas peruanos, al expresar la necesidad de llamar a elecciones para satisfacer a los Estados Unidos, es bastante elocuente para establecer una primera oposición entre objeto activo y pasivo:

> «—Y para ir a elecciones hay que tener pacificado el país, es decir, limpio de apristas —dijo el doctor Ferro—. Si no, las elecciones podrían estallarnos en las manos como un petardo» (I-147).

Pero el objeto político activo no está formado únicamente por los militantes de las organizaciones clandestinas, los sindicalistas y los trabajadores que se enfrentan a esa práctica; habrá que considerar también como objetos activos a los matones a sueldo, a los confidentes y dirigentes sobornados, es decir, a todos aquellos que, sin pertenecer al aparato policial, son movilizados mediante el dinero. Cayo Bermúdez, el principal encargado de la «pacificación», va a dejar perfectamente claros los métodos en que se fundamenta la seguridad de esa dictadura devenida democracia formal:

> «Lo que cuestan las directivas sindicales adictas, las redes de información en centros de trabajo, Universidades y en la administración ... Lo que cuestan las manifestaciones, lo que cuesta conocer las actividades de los enemigos del régimen aquí y en el extranjero ... La tranquilidad no es sólo cuestión de palo, doctor, también de soles» (I-312).

Esta clara oposición, palos/soles, entre los dos modos de actuación del poder político para garantizar su existencia permite postular la presencia de un objeto político activo, que actúa a favor de esa práctica, y de otro que actúa en contra de ella. Los primeros pueden ser considerados globalmente como adyuvantes y los segundos como opositores.

La consideración de los militantes políticos como parte del grupo del objeto político no debe extrañar, ya que están considerados desde la práctica política representada; lo cual no impide, sin embargo, que sean sujetos de una práctica política otra. Práctica ésta que no llega a constituir un sistema sémico articulado por estar representada en subordinación respecto a la práctica dictatorial. La importancia de las organizaciones clandestinas como sujetos de otra práctica puede deducirse de esta consideración de Cayo Bermúdez:

> «—Aunque esté retirado y sea tonto, un general es un general ... Es decir, más peligroso que todos los apristas y los rabanitos (comunistas) juntos» (I-270).

En cuanto a la adhesión de los adyuvantes a la política que defienden por dinero, es absolutamente nula, son objetos totales vinculados a la política por razones puramente económicas. El grupo de matones enviado por el capitalista Arévalo conversa en el coche camino de Arequipa, donde supuestamente tienen que impedir una manifestación en contra del régimen:

> «—¿Y quiénes son esos de la Coalición? —dijo Téllez.
> —Conténtate con saber que unos mierdas —se rió el que daba las órdenes—. Y que vamos a joderles su manifestación.

—*Preguntaba para buscar algún tema de conversación y animar un poco el viaje —dijo Téllez—. Está aburridísimo.*

Sobón, pensó Trifulcio, mirando la nuca de Téllez. ¿Qué sabía él de política, qué le importaba la política? Le hacía preguntas de puro adulón» (II-121/2).

La única definición política espontánea de los matones contratados es la de Ambrosio, pero eso no lo caracteriza políticamente, tan sólo añade a su sometimiento sexual y profesional con respecto a Fermín, un nuevo sometimiento gratuito, no exigido:

> *«Un domingo Ambrosio tuvo un lío en un restaurante criollo de los Barrios Altos porque unos borrachos entraron gritando ¡Viva el Apra! y él ¡Muera! ... ¿Por qué quieres que gane Lavalle? le preguntaba, y él porque don Fermín estaba con él»* (II-100).

En la novela el objeto político pasivo, la sociedad peruana marginada de la política, no está directamente mencionada como grupo. Sólo en una ocasión Cayo Bermúdez, comentando la detención del candidato opositor, desliza un rasgo colectivo, de escaso valor caracterizador, sobre su desconfianza en general hacia el poder establecido. Es una de las pocas ocasiones en que Cayo hace uso de un lenguaje eufemístico:

> *«—Montagne o cualquier otro opositor, ganaba —dijo Cayo Bermúdez—. ¿No conoce a los peruanos, don Fermín? Somos acomplejados, nos gusta apoyar al débil, al que no está en el poder»* (I-183).

Este grupo humano que constituye el objeto pasivo de la práctica política tiene un modo de presencia implícito en el texto; aunque algunos personajes individualizados pueden incluirse en él, son sus relaciones particulares con miembros del grupo sujeto lo que les confiere relieve en la historia. Son escasos los miembros del grupo objeto que sólo mantienen relaciones entre sí.

El objeto de la práctica política, la sociedad peruana, se articula, pues, de acuerdo con el esquema siguiente:

Se observa, sin embargo, que el caso de Trinidad López, militante político verdadero o simple obrero textil desequilibrado por la política represiva, subsume en su ambigüedad la oposición activo/pasivo; es decir, deja abierta la posibilidad de que la persecución alcance también a individuos totalmente desvinculados de la actividad política. Algo semejante sucede con Calancha, presidente de la asociación de un barrio, que aconseja a sus vecinos que no acudan a una manifestación en favor de Odría. Opositor, en principio, se transforma en adyuvante mediante bofetadas, amenazas y soborno (I-238/9-242/3-248/9). Es decir, pasa de ser objeto activo oponente a objeto activo adyuvante.

La evolución política del Apra, organización clandestina perseguida al principio, consiste en su transformación de objeto activo oponente a posible sujeto político temporal, es decir, a su legalización. Pero ese cambio no afecta al sistema de la práctica política, porque su simple paso a la legalidad le obliga al reconocimiento de los sujetos políticos existentes. Ese es el sentido de su presencia oficial en el entierro de Fermín.

4.2. EL MODELO ACTANCIAL MÍTICO

Podríamos también utilizar el modelo actancial mítico propuesto por Greimas para estructurar los diferentes grupos de agentes que hemos señalado. Las diferentes clases de agentes-sujeto y agentes-objeto que hemos obtenido suponen sólo una particularización de este modelo, que se caracteriza porque «está por entero centrado sobre el objeto del deseo perseguido por el sujeto, y situado, como objeto de comunicación, entre el destinador y el destinatario, estando el deseo del sujeto, por su parte, modulado en proyecciones de adyuvante y oponente» [1]. Esta sería la correspondencia entre ambos:

Destinador $\rightarrow$ OBJETO $\rightarrow$ Destinatario

$\uparrow$

Adyuvante $\rightarrow$ SUJETO $\leftarrow$ Oponente

Sujeto: sujeto temporal (el gobierno).
Objeto: objeto pasivo (la sociedad peruana marginada de la actividad política).
Destinador: sujeto permanente inmediato (el Ejército).
Destinatario: sujetos permanentes mediatos (EE. UU. y el capitalismo peruano).
Oponente: objeto activo oponente (organizaciones clandestinas, etc.).
Adyuvante: objeto activo adyuvante (matones a sueldo, confidentes, etc.).

----

(1) A. J. Greimas, *Semantique structurale*. Larousse. París, 1966. Versión castellana de Alfredo de la Fuente. Ed. Gredos. Madrid, 1971, pág. 276.

LAS RELACIONES ENTRE LOS PERSONAJES

5.1. LAS RELACIONES POLÍTICAS ENTRE LOS SUB-GRUPOS DEL GRUPO SUJETO

En el análisis anterior hemos utilizado un par de veces el término subordinación para referir-nos a la relación existente entre algunos subgru-pos del grupo sujeto. Efectivamente, hay una dependencia del sujeto temporal (el gobierno) frente al sujeto interior permanente (el capita-lismo peruano y el Ejército), que a su vez de-pende del sujeto exterior (Estados Unidos). Pero esta segunda dependencia no la tendremos en cuenta en adelante, ya que el sujeto exterior no queda encarnado en ningún personaje.

La clasificación interna establecida para los sujetos define dos subgrupos que se excluyen mutuamente: el Ejército (sujeto permanente-in-mediato) y el capitalismo peruano (sujeto perma-nente-mediato). No hay ningún personaje que per-tenezca simultáneamente a ambos subgrupos. Sin embargo, va a ser en el gobierno, el sujeto tem-poral, donde se dé la convergencia de ambos subgrupos, ya que está compuesto por militares (Odría, general y presidente; Espina, coronel y ministro; Paredes, etc.) y por capitalistas (Arévalo y Landa son senadores y terratenientes). Es decir, es en el poder político temporal, en el gobierno, en donde se produce la neutralización de la mutua exclusión de ambos subgrupos. De ahí que propongamos *la alianza* como predicado de base que rige las relaciones entre los miembros del grupo sujeto.

5.2. LAS RELACIONES POLÍTICAS ENTRE LOS GRUPOS SUJETO Y OBJETO

La relación de subordinación, antes mencionada y desechada como predicado de base capaz de expresar el vínculo principal entre los sujetos, se muestra en cambio adecuada para designar la relación fundamental e invariable a lo largo del relato entre el grupo de los sujetos y el de los objetos políticos. La capacidad de actuación política de que están investidos los sujetos, frente a la manipulación o la inercia a que están sometidos los agentes-objeto, justifica la elección de subordinación, que llamaremos *rección*, como predicado de base que relaciona ambos grupos.

Existe, sin embargo, una diferencia importante entre la rección y la alianza. Esta relaciona miembros del mismo grupo, mientras que la rección establece una correspondencia de grupo a grupo. Esto tiene importantes implicaciones, como en seguida veremos.

5.3. LAS RELACIONES POLÍTICAS ENTRE LOS MIEMBROS DEL GRUPO OBJETO

En el relato, la práctica política está representada fundamentalmente desde el poder establecido, son escasas las relaciones políticas entre los personajes del grupo objeto o entre los sub-grupos que lo componen. Sólo la militancia política de Santiago entra de lleno en la perspectiva de una lucha política en contra del poder representado. Pero esta experiencia política de Santiago nos llega a través de él mismo y su relato informa más sobre la subjetividad del personaje que sobre la objetividad de las relaciones políticas. No es preciso proponer un predicado de base que dé cuenta de estas relaciones.

5.4. La reproducción de los grupos sujeto y objeto y de los predicados de base

Afirmábamos anteriormente que la práctica política proporcionaba las claves del relato. Con esto formulábamos la hipótesis de que los resultados del análisis allí efectuado podrían dar cuenta también de otras relaciones distintas de las estrictamente políticas. Ese es el objetivo que ahora nos proponemos: verificar si la oposición sujeto/objeto extraída del orden político se mantiene cuando pasamos a considerar otras relaciones. Es decir, vamos a tratar de comprobar si la diversidad de relaciones —económicas, profesionales, amistosas, sexuales, etc.— que establecen entre sí los personajes, reproducen las relaciones fundamentales que regulan la práctica política. Se trata, por tanto, de examinar hasta qué punto las relaciones sociales o personales se encuentran determinadas, o pueden ser explicadas, a partir de los grupos sujeto y objeto y de las relaciones que la práctica política determina.

De momento, sostenemos que la oposición sujeto/objeto, fijada para lo político, no se agota en ese nivel: el sujeto político vuelve a manifestarse como sujeto de otras relaciones, de la misma manera que el objeto político no deja de serlo cuando establece (mejor sería decir *le establecen*) relaciones de otro signo con los sujetos.

5.4.1. RELACIONES GENERALES ENTRE LOS SUJETOS

Aunque las relaciones entre los miembros del grupo sujeto se manifiestan en órdenes muy diversos, la relación de alianza, predicado fundamental en el orden político, constituye la base común de todas las demás relaciones. Los vínculos económicos entre Cayo Bermúdez y Fermín Zavala reproducen el predicado de base que rige sus relaciones políticas: la alianza, el pacto, el intercambio de servicios. Fermín obtiene la concesión de licitaciones estatales a través de Cayo, y no sólo para sus propias empresas, también actúa como intermediario de empresas estadounidenses o de grupos de conocidos. El mismo Fermín deja muy claros los términos del mutuo favor:

«*Usted les hace un servicio, y es lógico que lo retribuyan*» (II-294).

Esta relación de alianza en el orden económico y profesional trasciende además las posibles oscilaciones de su relación personal; cuando desaparece la mucha o poca cordialidad que se dispensan uno a otro, no por eso se elimina su relación de mutua conveniencia:

«*Sí, desde que el señor Cayo había hecho meter preso al niño Santiago ya no eran amigos, pero tenían negocios juntos...*» (I-267/8).

Prueba de que la alianza constituye el predicado de base es que llega a neutralizar las diferencias específicas del orden económico y del orden político. Cayo Bermúdez hace fracasar la huelga de «Olave» (I-248), propiedad del terrateniente Landa, en un momento crucial debido a la proximidad de la cosecha. Landa consigue a cambio que, mediante el dictamen de su comisión, un grupo estadounidense gane la licitación (I-352) en la que Cayo hace de intermediario (I-293). Lo político y lo económico encuentra así la base común que los hace equiparables, intercambiables, cn el relato: la alianza entre los sujetos.

Pero no es Cayo el único miembro del gobierno que mantiene relaciones de esta clase, también el ministro Arbeláez tiene «mil negociados con Landa» (II-67).

Esta relación de alianza incluye también el matrimonio entre miembros del grupo sujeto, en tanto que pacto legal. Popeye, hijo del senador Arévalo, se casa con Teté, hija de Fermín Zavala; el Chispas contrae matrimonio con Cary, hija también de alguien importante.

5.4.2. Relaciones generales entre los miembros del grupo sujeto y los miembros del grupo objeto

La rección que en el orden político ejercen los sujetos sobre los agentes-objeto vuelve a ser la relación dominante en cualquier otra clase de relación particular que se establezca entre ellos. No importa que la relación sea sexual, económica o amistosa, que dure mucho o poco tiempo; en todos los casos el predicado fundamental que las rige se hace visible. No nos detendremos a examinar los medios por los que se concreta esa rección, ya que son muy variados; lo que nos interesa es destacar esa reproducción de la oposición sujeto/objeto y su correspondencia de base, fijados en lo político.

Antes de examinar algunos ejemplos, es preciso hacer una consideración: en el grupo de los sujetos quedan incluidos los parientes inmediatos de los sujetos políticos; así, tan sujeto es Fermín Zavala como sus hijos. De ahí que el frustrado lance adolescente de Santiago y Popeye, hijos ambos de dos sobresalientes personajes, con Amalia esté regido por la rección. Santiago y Popeye no culminan su propósito de aprovecharse de «la cholita» por la llegada inesperada de Fermín y Zoila, pero eso no invalida el planteamiento. Los dos muchachos son los sujetos de la aventura: planean y ponen en práctica utilizar yobimbina con su objeto sexual más inmediato, la criada. Pero no es sólo una cuestión de inmediatez, los jóvenes desechan la idea de utilizar el producto con las jóvenes «decentes» con quienes ellos se relacionan, hijas también de importantes sujetos. Las relaciones entre los jóvenes de la clase alta también están regidas por el principio de la alianza, cosa que ni siquiera su urgencia sexual juvenil logra hacerles olvidar:

«... —dijo Popeye—. ¿Tú le darías yobimbina a una chica decente?
—A mi enamorada no —dijo Santiago—. Pero por qué no a una huachafita, por ejemplo» (I-41).

Esta dependencia momentánea y frustrada de Amalia se convierte en una situación prolongada en el caso de Ambrosio frente a Fermín. Este, sujeto político y patrón, impone a Ambrosio, objeto político y asalariado, una relación homosexual. Ambrosio, sin experiencias homosexuales anteriores, ingiere yobimbina para poder cumplir con lo que Fermín le pide.

Cayo en su vida sexual mantiene una relación semejante a la anterior con Hortensia. El mismo principio de dependencia se hace visible en la entrevista que Cayo mantiene con Tallio, dueño o representante de ANSA, la agencia informativa que proporciona los boletines a la Radio Nacional. El contrato entre la agencia y el gobierno tiene por intermediario a Cayo, quien, a cambio de la concesión, obtiene ciertos beneficios. Pero no se trata de una relación de alianza, tal como se da entre los sujetos; el engaño y la manipulación de Cayo para duplicar sus beneficios hace de Tallio el objeto de la relación, que se descubre así como rección y no como alianza (I-252/4-257/8-262/4).

Lozano, miembro relativamente importante de la policía, aprovecha también su condición de sujeto político para extorsionar mensualmente a los dueños de los prostíbulos limeños. Pero incluso los sujetos políticos de menos relieve, los policías corrientes, participan a su escala del mismo tipo de beneficios:

«... *en el cuerpo todos los del escalón mordían de alguna manera, desde el primero hasta el último*» (I-135).

Esta posibilidad de «morder» explica el afán de Ludovico por entrar al escalafón policial. Los hechos confirman sus expectativas: al no mucho tiempo obtiene 20.000 soles de Ambrosio por el encubrimiento del crimen (II-153).

5.4.3. Relaciones generales entre los miembros del grupo objeto

Estas relaciones, al igual que las estrictamente políticas, tienen poca relevancia en el relato, a no ser que uno de los miembros de la relación entre personajes pertenecientes al grupo objeto sea término de la rección de un sujeto. El relato no se ocupa de esta clase de relaciones entre personajes que no tienen una vinculación directa o indirecta con la actividad política, entre agentes del subgrupo pasivo. En cuanto a las relaciones entre miembros del subgrupo adyuvante u opositor, están condicionadas por las recciones que los sujetos les establecen. Sólo cuando estas recciones desaparecen, los personajes-objeto se relacionan estrechamente entre sí. Este es el caso de Hortensia y Queta, Hortensia y Amalia, que llegan a mantener una relación amistosa cuando Cayo desaparece. Lo mismo se puede decir de la relación de Ambrosio con Amalia; sólo cuando Fermín deja de regir a Ambrosio, su relación se convierte en una verdadera relación de pareja.

5.4.4. La rección. Los agentes individuales y los agentes colectivos

Al extraer como correspondencia de base entre los grupos la rección, se plantea la necesidad de precisar su significación, que parece pecar de cierta vaguedad. Según Hjelmslev, «la noción de rección implica por definición la de una orientación o sentido definido: la rección es el movimiento lógico e irreversible de un regente a un regido. No es, pues, posible definir una rección sin poder indicar desde un principio uniforme cuál de los dos términos es regido y cuál regente» [1].

Como se recordará, la rección surge al considerar las relaciones que determina la práctica política. Es la función política la que define en el conjunto de los personajes dos grupos tajantemente separados. La rección indica que los sujetos ejercen el poder político de manera que los miembros del otro grupo queden totalmente excluidos de él. La práctica política se constituye así en el principio uniforme que permite definir entre ambos grupos una correspondencia lógica e irreversible. Según el orden político representado, la rección de un grupo sobre otro es una correspondencia bilateral y obligatoria, ya que no es posible pensar separadamente un grupo del otro. Pero ese requerimiento recíproco no impide mantener la denominación de regente para el grupo-sujeto y la de regido para el grupo-objeto, ya que la práctica política no viene dada, sino ejercida e impuesta por el grupo-sujeto.

Por otro lado, las relaciones entre los sujetos tienen su predicado de base en la alianza, que regulaba también sus relaciones en el orden político. Los sucesivos investimientos en el interior del grupo-sujeto creaban nuevas oposiciones. Una de estas oposiciones, temporal/permanente, daba lugar a una nueva rección, aunque de características distintas a la rección que se da entre el grupo-sujeto y el grupo-objeto. Esta es una correspondencia entre dos grupos, aquélla es una relación en el interior de un mismo grupo. El Ejército y el capitalismo peruano son los regentes del gobierno, y su reacción es tan irrevocable

---

(1) L. Hjelmslev, *Ensayos lingüísticos*, pág. 192. Ed. Gredos. Madrid, 1972.

y tan irreversible como la otra. Pero esta rección reviste más el carácter de una alianza, ya que los miembros del sujeto temporal, del gobierno, lo son también simultáneamente del Ejército y de la oligarquía peruana. Son el dinero y la fuerza aliados quienes ejercen el poder, quienes rigen en último término al grupo-objeto, la sociedad peruana. El gobierno es sólo el regente intermediario entre ambos.

Todo esto tiene importantes repercusiones para las reglas que trataremos de formular sobre las relaciones entre los personajes. Al encarnarse las relaciones políticas en personajes concretos, en agentes de uno u otro grupo o subgrupo, ocurre que en algunos casos el agente tiene un valor general, de representante del grupo al que pertenece. Así, Cayo Bermúdez representa frente al grupo-objeto al grupo de los sujetos; pero frente al subgrupo permanente (Ejército y capitalismo) representa al gobierno. Es decir, en las relaciones políticas, los agentes poseen un valor de representación de su propio grupo o subgrupo que, en principio, está ausente en las otras relaciones.

En efecto, al generalizar la rección como correspondencia de base que subyace a cualquier posible relación, se observa que no se encuentra en el mismo nivel grupal que define la práctica política, sino en el nivel de las acciones de agentes concretos. Es decir, si entre los grupos queda definida una rección bilateral y obligatoria en lo político, entre los agentes de uno y otro grupo esta rección se hace *facultativa* de los sujetos. Ambrosio, por ejemplo, no exige necesariamente que Fermín lo subordine a sus propias necesidades, puede ser cualquier otro agente-objeto el subordinado. La rección constituye en las relaciones extrapolíticas una facultad que puede ser ejercida, o no, por los agentes-sujeto. Pero el ser agentes-sujeto, u objeto, viene determinado por el orden político; de aquí el determinismo de la relación política sobre las restantes relaciones. La rección impone relaciones semejantes en cualquier otro orden; por eso hemos evitado deliberadamente plantear como problema la aceptación voluntaria o involuntaria de la rección por parte de los agentes-objeto, ya que es potestativa de los agentes-sujeto. Las particularidades de las distintas relaciones quedan neutralizadas así sobre los predicados de base que rigen a los agentes términos de esas relaciones en lo político. Esto justifica que en adelante, cualesquiera que sean las relaciones concretas extrapolíticas que se establezcan entre los agentes de uno y otro grupo, las podamos denominar genéricamente mediante R. Signifique lo que signifique R, viene ya marcada por la correspondencia general entre los grupos; será, más allá de su apariencia particularizada, una rección.

5.5. LA REGLA DE OPOSICIÓN Y LA REGLA DE PASIVO

Fijados ya los dos predicados de base y las dos clases de agentes que intervienen en las acciones, emplearemos ahora dos reglas que utiliza Todorov para obtener nuevas relaciones a partir de los predicados fundamentales. La primera de ellas es la regla de oposición, que consiste simplemente en obtener nuevos predicados opuestos a los fundamentales. El predicado opuesto a la alianza, que representa una ayuda recíproca, es *oponerse*. Pero encontrar el opuesto de la rección resulta más arduo, a no ser que acudamos a algún sinónimo. Preferimos en este caso utilizar la negación, la *no-rección*, que representa una noción un poco más amplia. Pero es preciso señalar que al no ser la rección una relación simétrica, puesto que intervienen miembros de grupos distintos, la no-rección implica necesariamente la desaparición de la relación entre el sujeto regente y el objeto regido. Si esta desaparición no se da, significa que la rección se ha transformado en una relación distinta, que altera así la correspondencia general que se establece entre los sujetos que rigen y los agentes objeto que son regidos. Es decir, se altera una ley que está por encima de los agentes particulares, lo cual constituye una infracción parcial en el relato.

La segunda regla es la de pasivo, que consiste en formar la pasiva del predicado de base sin alterar el lugar de los términos que intervienen en la relación. Así, la pasiva de la relación de alianza en *Cayo ayuda a Fermín*, sería *Cayo es ayudado por Fermín*. La pasiva de la rección también puede formarse. La pasiva de *Cayo rige a Queta* es *Cayo es regido por Queta*. Pero al ser la rección un movimiento irreversible, su pasiva representa la infracción total de la ley que gobierna las relaciones entre el grupo de los sujetos y el de los agentes-objeto. Es su inversión.

5.5.1. REGLAS DE ACCIÓN

Trataremos ahora de formular las reglas que rigen las acciones de los personajes. Al haber fijado dos clases de agentes, se plantea la necesidad de establecer dos clases de reglas: las que corresponden a las relaciones internas en cada uno de los grupos y las que regulan las relaciones entre los miembros de uno y otro grupo.

a) *Relaciones entre los miembros del grupo sujeto*

Regla 1: Sean *a* y *b* dos agentes-sujeto y que *a* ayude a *b*. Entonces *b* actúa de manera que se cumple su pasiva (*a* es ayudado por *b*).

Los negocios en los que Cayo hace de intermediario ofrecen buenos ejemplos, como vimos anteriormente. La ayuda prestada por Fermín a Odría antes de su ascenso al poder se verá recompensada poco después:

> «—*¿Tampoco aceptaría una Empajada? —dijo Cayo Bermúdez—. El general está tan agradecido por toda la colaboración que usted le ha prestado y quiere demostrárselo...*
> *—Ni pensarlo —dijo don Fermín, riéndose—. No tengo pasta de parlamentario ni de diplomático, don Cayo.*
> *—Lo va a herir al general con tanto desinterés, don Fermín...*
> *—Nada de desinterés, se equivoca —dijo don Fermín—. Ya habrá ocasión de que Odría me retribuya mis servicios...»* (I-185).

En efecto, los laboratorios de Fermín se convierten en abastecedores de las Fuerzas Armadas y su empresa constructora se ocupa de las obras públicas oficiales. Veamos ahora algunos casos en que se manifiesta el predicado opuesto. La conspiración del general Espina (II-53/90) origina una serie de oposiciones en cadena: la oposición del general Chamorro provoca una amenaza del general Llerena, que no es sino responder a una oposición con otra; el oponerse de Fermín origina una oposición de Cayo. Todos los participantes en el frustrado golpe son encarcelados, excepto Landa, Fermín Zavala y el general Espina. Todo el capítulo es un juego de oposiciones entre los distintos sujetos. Otro tanto puede decirse de la revuelta de Arequipa, los sujetos crean una situación de oposición que se resuelve con la salida de Cayo del poder. Pero con esto ya entramos en la segunda regla.

Regla 2: Sean *a* y *b* dos agentes-sujeto entre los que se da una relación de oposición. Entonces, o bien *a*, o bien *b*, actúan de manera que el predicado se transforme en su opuesto.

Las oposiciones anteriormente citadas se resuelven de acuerdo con esta regla. La importancia de Landa y Espina, participantes decisivos de la conspiración, hace que Cayo se esfuerce por encontrar una solución negociada. La oposición es así sustituida por una nueva alianza: Espina es nombrado embajador en España, a Landa se le ofrece la presidencia del senado, los conspiradores entran en el partido del gobierno; a cambio, la conspiración no trasciende al exterior y el régimen puede mantener intacta su imagen. La mujer del doctor Ferro, desconociendo el pacto final a que han llegado el gobierno y los conspiradores, acude a Cayo para pedirle que ponga en libertad a su marido, es decir, para resolver la situación de oposición. Su forma de rogar a Cayo confirma también la regla señalada:

«*No es un favor, señor Bermúdez, es un negocio*» (II-86).

Todo el episodio de la conspiración es un juego de oposiciones y de búsqueda de la alianza en función de la correlación de fuerzas. Aquí Cayo es el artífice de la alianza final. Inversamente, en la revuelta de Arequipa Cayo es la víctima de la alianza final entre los restantes sujetos. La oposición al gobierno que supone la revuelta se orienta en contra de Cayo:

«—*Los líderes de la Coalición han orientado muy bien la indignación. Le echan toda la culpa a Bermúdez. Si usted me lo ordena, yo saco la tropa. Pero piénselo, mi general. Si Bermúdez sale del Ministerio, esto se resuelve pacíficamente*» (II-148).

Como puede verse, la oposición sólo se manifiesta en las crisis políticas, cuando el sujeto permanente (capitalistas y militares) decide sustituir al sujeto que encarna el poder temporal. El golpe de estado sólo supone una oposición que se resuelve en una alianza desfavorable para el gobierno, un relevo de las cabezas visibles del poder por otros sujetos pertenecientes al subgrupo permanente.

b) *Relaciones entre los miembros del grupo sujeto y los miembros del grupo objeto*

Regla 3: Sean *a* un agente-sujeto y *b* un agente-objeto entre los que se da una relación R. Entonces, *a* y *b* actúan de manera que *b* resulta regido por *a* (independientemente de la clase de relación que R represente).

Esta regla es tan sólo una particularización de la correspondencia general existente entre los miembros de uno y otro grupo. Los agentes regidos por esta regla actualizan en sus comportamientos individuales una relación que está más allá de ellos mismos. Ya citamos algunos casos anteriormente: Santiago y Popeye (agentes-sujeto)-Amalia (agente-objeto), Fermín-Ambrosio, Cayo-Hortensia, Cayo-Tallio, Lozano-dueños de los prostíbulos, etc. También se rigen por esta regla las relaciones entre Lozano-Ludovico e Hipólito, Emilio Arévalo-Trifulcio, Téllez, Urondo. La mayor parte de los agentes-objeto que aparecen en el relato actúan regidos por un sujeto. En bastantes casos los agentes-objeto quedan nombrados colectivamente: se habla de grupos contratados para romper las manifestaciones en contra del gobierno o para manifestarse a su favor.

Regla 4: Sean a y c dos agentes-sujeto y b un agente-objeto regido por a. Si b deja de ser regido por a es que c ha actuado contra a.

La aventura de Santiago con Amalia, en la que ésta es regida por el sujeto adolescente, se interrumpe por la llegada de los padres de Santiago, sujetos también. El despido de Amalia interrumpe definitivamente la reacción. No ocurre así, en cambio, cuando Ambrosio, por orden de Espina (agente-sujeto), interrumpe involuntariamente las actividades sexuales de Cayo con Queta y Malvina (II-167); la interrupción es sólo momentánea y la reacción se reanuda posteriormente.

Para explicar la ruptura entre Cayo-Hortensia, Cayo-Ivonne y Fermín-Ambrosio hay que hacer una nueva consideración. Cuando un agente-sujeto es perseguido por la ley, desde el punto de vista de las relaciones que hemos definido, se trata de una oposición que ejercen contra él sus antiguos aliados. La ilegalidad de un sujeto es una oposición del sujeto colectivo al sujeto individual. De esta manera, la salida de Cayo del Perú, como solución a la crisis política planteada por la revuelta de Arequipa, es una acción entre sujetos, que deja en suspenso la reacción que Cayo ejerce sobre Hortensia, Queta, Ivonne, etc.

Las dos intervenciones de Fermín para que Trinidad López sea puesto en libertad quedan también explicadas a partir de esta regla. Por lo que se refiere a la relación entre Fermín y Ambrosio, ésta se rompe también como consecuencia de la amenaza que supone la investigación del crimen cometido por Ambrosio. La acción policial en marcha (acción de los sujetos) es la causa que interrumpe la rección de Fermín hacia Ambrosio. En cuanto a las posibilidades de restablecimiento de la rección —se especula con que Cayo llame a Hortensia desde el extranjero y es Fermín quien decide poner fin a su relación con Ambrosio—, éstas dependen siempre del sujeto. Es el sujeto quien decide siempre iniciar, suspender o reanudar una relación con un agente-objeto. La desaparición de la rección sólo es un caso límite de la rección del sujeto, que decide eliminarla.

Esta misma regla da cuenta también del cambio de trabajo de Ambrosio, que pasa de ser chófer de Cayo y matón al servicio de la policía a ser chófer y pareja homosexual de Fermín. En el relato no se nos dice si Cayo planeó degradar a Fermín preparando o permitiendo esta relación. En cualquier caso, cayendo o sin caer en la trampa que le tiende Cayo, es Fermín el que actúa de manera que Ambrosio pase a su servicio; y esta acción constituye una forma de oposición a Cayo.

Regla 5: Sean *a* un agente-sujeto y *b* y *c* dos agentes-objeto, y que *b* esté regido por *a*. Si *b* mantiene o establece una relación R con *c*, entonces *b* actúa frente a *c* según la rección anterior.

Ludovico y Ambrosio, cumpliendo órdenes de Lozano (regidos por él), se entrevistan con Calancha y mediante amenazas, dinero y violencia física consiguen sus propósitos. En una misión semejante —apalear mujeres que se manifiestan en contra de Odría—, Hipólito duda por la relación afectiva que le une a algunas de ellas:

«—*¿Y si tengo que sonar a una de esas que me dio de comer de chico?*...» (I-272).

Pero finalmente actúa frente a las mujeres según la rección que lo vincula a Lozano. En conjunto, la actividad de los matones a sueldo de la policía consiste en actuar frente a otros agentes-objeto de acuerdo con las órdenes que reciben. Sin embargo, en el caso de Trinidad López, que es torturado por Ludovico e Hipólito, el comportamiento de sus torturadores se asimila al de la policía. Ludovico e Hipólito no actúan en este caso como matones contratados, sino como representantes del cuerpo represivo, que no dispone de personal suficiente en esos momentos.

El agente- objeto que se adapta más sistemáticamente a esta regla es Ambrosio. Todos sus comportamientos vacilantes y temerosos de sus entrevistas con Amalia derivan de su dependencia frente a Fermín. Llega incluso a romper su relación de pareja con Amalia cuando cree que Fermín puede sospechar su existencia. Finalmente mata a Hortensia, convirtiéndose en asesino como consecuencia de esa misma relación que lo rige.

Carlitos, el amigo de Santiago, también es víctima de esta misma regla: Tallio lo despide de la agencia de noticias a consecuencia de la falsa información que Cayo ha esgrimido ante él para duplicar sus beneficios de intermediario (I-265).

LAS INFRACCIONES

Las reglas de acción constituyen las leyes que regulan los comportamientos de los personajes. Un agente-sujeto que establece una relación con un agente-objeto en la que éste no resulta regido no cumple la regla 3, ya que deja en suspenso la rección; es decir, establece una relación que anula la diferencia entre los miembros de la relación. El matrimonio supone una relación simétrica, de alianza, que sólo puede darse entre agentes del mismo grupo. Santiago, mientras permanece soltero y excluido por voluntad propia del grupo de los sujetos, sigue siendo considerado como recuperable por su familia. Su padre insiste una y otra vez para que trabaje con él en sus negocios y no siga «siendo un mediocre» (II-203). Cuando el personaje se casa con Ana, miembro del grupo-objeto, comete una infracción que le separa definitivamente de su grupo de procedencia. A partir de ese momento, nadie intenta reincorporarlo al grupo sujeto.

Un caso semejante representa el matrimonio de Cayo, hijo de El Buitre, con la india Rosa. El Buitre, alcalde y dueño de algunos negocios en el pueblo de Chincha, pertenece al grupo de

111

los sujetos a escala rural. Su reacción ante el matrimonio de su hijo con Rosa, la hija de la lechera, es propinar una paliza a Cayo, desheredarlo y romper sus relaciones con él; en definitiva, excluirlo del grupo de los sujetos.

En ambos casos el matrimonio constituye una infracción parcial de la ley que rige las relaciones entre los grupos, ya que transforma la correspondencia fundamental, la rección, en una relación que establece un principio de igualdad entre ambos grupos.

Las dos grandes infracciones del relato, las infracciones absolutas, son el chantaje de Fermín por Hortensia y la denuncia de Queta. Los dos casos son una inversión de la regla 3. La extorsión de Fermín por Hortensia pone en juego la pasiva de la rección; esto es, no sólo violar la regla o dejarla en suspenso, sino invertirla, atentar contra el fundamento del mundo representado. Este olvido insólito de Hortensia de la ley general que gobierna el mundo que la rodea queda bien justificado en el relato. Hortensia es regida por Cayo, pero su lesbianismo coincide con las prácticas sexuales de él, al contrario que Ambrosio, que doblega sus instintos sexuales frente a Fermín. Esta coincidencia entre las apetencias sexuales de uno y otro justifica el que Hortensia caiga en el error de creerse un sujeto. Queta lo deja perfectamente claro:

«... la Loca (Hortensia) no lo hace por plata, no es interesada. Tampoco porque lo quiera (a Cayo), claro. Lo hace porque es inocente. Yo soy como la segunda dama del Perú, Quetita. Aquí vienen embajadores, mnistros. La pobre loca. Parece que no se diera cuenta de que van a San Miguel como al burdel. Cree que son sus amigos, que van por ella» (II-246).

Hortensia cree mantener una relación de sujeto a sujeto con los importantes personajes que acuden a sus fiestas. Olvidar el grupo al que pertenece, queriendo regir a un sujeto, le cuesta finalmente la vida. Queta explica lo desatinado de su propósito diciendo que está loca, desesperada, «ya ni sabe lo que hace» (II-282).

Desde el punto de vista del orden representado, Ambrosio, el asesino por propia iniciativa de Hortensia, sólo hace restablecer el orden subvertido. La gratuidad de su decisión, ya que nadie le empuja a cometer el crimen, hace de él el objeto-perfecto: actúa voluntariamente de acuerdo con la rección que lo une a Fermín.

La investigación periodística del crimen da lugar a una segunda infracción, pero sólo momentánea: Queta denuncia al asesino material, Ambrosio, y a su supuesto inspirador, Fermín. La acusación es una nueva inversión de la regla 3: un agente-sujeto, Fermín, queda subordinado a la declaración hecha por Queta. Pero la declaración no pasa de ser un arrebato momentáneo motivado por su amistad hacia Hortensia. La infracción es rápidamente sofocada por los testigos de su declaración. Sus palabras son muy explícitas:

> «... ya ves que está loca ... ¿Ves que es una estupidez, Becerrita? Incluso si fuera cierto, sería una estupidez. No le consta nada, todo es invención ... No tiene pruebas ... Y aunque tuviese, quién le iba a hacer caso, quién le iba a creer. Fermín Zavala con todos sus millones. Explícaselo tú, Becerrita. Dile lo que le puede pasar si sigue repitiendo esa historia» (II-33/4).

Queta hace la declaración presionada por Becerrita, el periodista asimilado a la policía (agen-

113

te-sujeto). El hecho de declarar no es sino someterse a la regla 3 (Becerrita rige a Queta), pero la declaración constituye una infracción total de esa misma regla (Queta rige a Fermín). La inversión se deshace mediante una nueva aplicación de la regla 3: Becerrita obliga a Queta a guardar silencio. Esta nueva rección, que pretende anular el efecto de la anterior, es al mismo tiempo una aplicación de la regla 1: supone una complicidad, una alianza entre los sujetos Becerrita y Fermín.

6.1. Las infracciones y la intriga

La intriga de la novela tiene por centro el crimen que comete Ambrosio, que en sí mismo sólo significa el restablecimiento del orden general alterado por Hortensia. El crimen no infringe ninguna ley; al contrario, la restituye. Su importancia radica en que las dos grandes infracciones del relato quedan articuladas por él:

— la extorsión invierte la regla 3;
— el crimen deshace la inversión obedeciendo a la regla 5;
— la denuncia de Queta invierte de nuevo la regla 3.

Esta articulación es lo que diferencia el crimen de otras muertes que se dan en el relato: muerte natural en el caso de Amalia y Fermín, muerte violenta en el de Trifulcio y crimen también en el caso de Trinidad López. El crimen carecería de relieve especial si no constituyera una réplica a la infracción. Del mismo modo, la denuncia de Queta perdería su valor para la intriga de no encontrarse presente Santiago Zavala en su declaración. La denuncia de Queta queda enterrada bajo las presiones de quienes la rodean, no se hace pública; es una infracción fugaz, pero que cumple su cometido: ser oída por Santiago. En efecto, es la sospecha de que su padre haya sido el autor intelectual del crimen lo que origina su conversación con Ambrosio en el primer capítulo. Es esta duda el motivo que orienta la conversación Santiago-Ambrosio e introduce la tensión propia de la intriga. Pero la gran masa de acontecimientos y personajes que pone en marcha el relato amenaza la percepción particularizada de esta intriga; para impedirlo el discurso utiliza dos procedimientos que la diferencian de otras intrigas menores: 1) mediante la alusión, la reiteración y el desconocimiento de la identidad del interlocutor (véase 1.3); 2) obligando al lector a compartir la percepción de Santiago Zavala. Su historia está narrada desde su propia visión de los acontecimientos y el personaje no se limita simplemente a evocar su vida, sino que la indaga en busca de sus momentos claves; la siente, en definitiva, como una intriga, y así es como la percibe el lector.

LAS INFRACCIONES PARCIALES
Y EL MENSAJE NARRATIVO

De cuantos personajes aparecen en el relato, sólo dos, miembros del grupo-sujeto, van a experimentar un cambio de grupo que, en principio y según el orden representado, podemos considerar como desfavorable. En ambos casos se produce a través de una decisión tomada libremente por los personajes, como corresponde a los sujetos: el contraer matrimonio con un agente del grupo-objeto, dejando así en suspenso la regla 3 y transformándola en una relación distinta de la rección. Los personajes son, como ya dijimos, Cayo y Santiago. Si las infracciones totales constituyen las claves que hacen posible el trayecto de la intriga, las infracciones parciales van a conferir a los discursos de estos dos personajes un sentido que coincide, mucho más ampliamente que cualquier otro discurso, con los propósitos del autor. El estatuto particular de los dos infractores es el encontrarse en grupos que no les corresponden, apareciendo así claramente marginados de los miembros de su mismo grupo. Consideremos brevemente la trayectoria de Cayo: de sujeto a escala rural pasa a agente-objeto por su matrimonio, y sólo muchos años después, el ministro Espina, antiguo condiscípulo suyo, lo llama para ocupar un puesto en el gobierno. Cuando Cayo llega al poder, en donde permanece la mayor parte del relato, los verdaderos sujetos no pasan de considerarle «un directorcito de gobierno», «un empleadito» (I-178/9) y, aunque su influencia y su poder se hacen crecientes, nunca es considerado como un sujeto auténtico: «No me consideran su igual estos hijos de puta» (II-246). Esta llegada accidental al poder es fundamental para conferir a los juicios de Cayo sobre la situación política un valor de objetividad del que carecen los verdaderos sujetos. La objetividad de estos juicios constituye la instancia verificadora del mensaje narrativo del discurso novelesco, que queda enunciado y sostenido a lo largo del relato por el discurso de Santiago.

7.1. EL MENSAJE NARRATIVO Y EL DISCURSO DE SANTIAGO ZAVALA

El enunciado novelesco que se hace cargo de la vida de Santiago Zavala presenta una forma de anticipación que se distingue de la que hemos señalado en 2.1. Suele ser una pregunta que se repite muchas veces en términos parecidos: ¿fue ahí el momento concreto en que se fraguó el fracaso del personaje? ¿Fue ese acontecimiento particular el que determinó su frustración posterior? A veces la pregunta queda respondida afirmativamente: sí, ése es el hecho clave que explica su fracaso. El tipo de conexión que se propone entre el fracaso y no importa qué acontecimiento escapa a la correlación en el nivel funcional que era propia de la anticipación. Estudiar los acontecimientos de la vida del personaje en busca de ese momento o experiencia que originó su frustración equivaldría no ya a explicar las acciones del personaje a través de su psicología, sino precisamente a lo contrario: a especular sobre un hipotético suceso que tendría como correlato el sentimiento de fracaso general que embarga a Santiago. Es decir, sería pensar el personaje en términos de persona psicológica, posición que trataremos de evitar. Abandonamos, por tanto, cualquier intento de encontrar ese antecedente tan insistentemente buscado por el personaje, ya que en defintiva sólo supondría retomar una vez más, y en un lugar que no le corresponde, el fantasma filosófico del origen. Trataremos, a cambio, de analizar la función en el relato de ese fracaso tan reiterado.

El fracaso del personaje y el de su sociedad se mencionan en el primer capítulo de la novela, en su primera página. Este capítulo es especialmente importante porque en él se da la anticipación fundamental del relato: el fracaso. Pero se trata de una anticipación muy singular, ya que no es la simple mención de un acontecimiento que será objeto de la sintaxis del relato posteriormente, sino del sentido último que programa el texto.

Si en todo relato es posible postular una lectura desde su significado lógico, su mensaje, que lo recorre de principio a fin, en CC esta lectura se encuentra especialmente facilitada: el fracaso se menciona en la primera página, recorre el texto y es reencontrado al final. La historia de Santiago está relatada desde la frustración del personaje, que interrumpe una y otra vez el hilo de su discurso buscando el momento concreto, el hecho particular del que se deriva su fracaso. El relato concluye sin que el personaje haya localizado ese acontecimiento capaz de dar una explicación satisfactoria. De aquí se deduce que la función del fracaso tantas veces afirmado no

119

es establecer una correlación causal con acontecimientos, sino hacerse omnipresente, programar el texto fijándole un sentido invariable.

En el primer capítulo queda también programado el final del relato, ya que constituye su límite temporal, según el tiempo representado. El encuentro casual de Santiago y Ambrosio se narra en este capítulo, pero su conversación y el pensamiento simultáneo de Santiago aparecen en forma discontinua a lo largo del enunciado novelesco. Cada irrupción pone de relieve el límite temporal que gravita sobre el relato y que provocará su extinción final. El cierre del relato conduce nuevamente a su principio, el fracaso afirmado en el comienzo es recuperado al final. El sentido invariable y el límite temporal programan así el texto doblemente desde su principio.

Santiago Zavala sale de su trabajo, así se inicia el relato, y encuentra fracaso, derrota, exasperación vacía en cuanto le rodea: caras, voces, gestos, recuerdos, objetos. El rasgo común de cuanto se menciona es «jodido»:

«¿En qué momento se había jodido el Perú? ... El era como el Perú, Zavalita, se había jodido en algún momento. ... El Perú jodido, piensa, Carlitos jodido, todos jodidos. Piensa: no hay solución» (I-13).

La pregunta «¿Ahí. Fue ahí?», refiriéndose a su propio fracaso, penetra sistemáticamente el enunciado que se hace cargo de su vida. El sentido de las experiencias que evoca el personaje queda fijado desde esa significación, se trata de una indagación sobre el fracaso. Pero ese hecho último, definitivo, capaz de cubrir inequívocamente el fracaso, escapa una y otra vez a todas las atribuciones. Se proponen como anteceden-

120

tes hechos absolutamente dispares y de importancia muy desigual. Esta atribución indiscriminada, y absurda según la vida en más de un caso (en una ocasión el personaje lo atribuye a la primera vez que tomó cerveza), constituye en sus variaciones y episodios el significado retórico del relato de Santiago. Pero los cambios, los acontecimientos, el juego entre los personajes, no elimina un solo momento la certeza del fracaso, que subyace intacto a todas las mutaciones del relato. Cada vez que el personaje afirma «ahí. Fue ahí», el relato amenaza con cerrar el sentido que lo ha abierto; pero una nueva pregunta o una nueva atribución vuelve a mostrar como insuficiente la afirmación anterior. El fracaso ha significado el hecho y persiste una vez más inalterado.

Los episodios concretos de la vida del personaje suelen ir precedidos del sentido que los organiza en el enunciado: su pertinencia para explicar el fracaso. He aquí algunos ejemplos sobre su paso por la universidad y la militancia política:

«¿Había sido ese primer año, Zavalita, al ver que San Marcos era un burdel y no el paraíso que creías?» (I-107).
«¿Había sido ese segundo año, Zavalita, al ver que no bastaba aprender marxismo, que también hacía falta creer?» (I-117).
«¿Había sido en esas últimas semanas del segundo año, Zavalita, en esos días huecos antes del examen final?» (I-124).
«¿Había sido al comenzar ese tercer año en San Marcos, Zavalita, entre el descubrimiento de Cahuide y ese día?» (I-156).

El fracaso se hace así presente en cada pregunta y en cada atribución. Cualquier hecho, por insignificante que parezca, es enunciado como posible antecedente del fracaso y ninguno es descalificado como tal. En algunas ocasiones se señala una correlación lineal:

«*Cuadra diez de la Arequipa, diciembre, siete de la tarde —dice Santiago—. Ya sé, Ambrosio*, ahí» (I-126).
«*¿En ese momento, Zavalita? Piensa:* sí, ahí» (II-31).

Pero el fracaso no se agota en esos antecedentes, siempre reaparece más adelante. Sin embargo, dos hechos resultan especialmente beneficiados en este juego permanente de indagaciones y atribuciones que se revelan como insuficientes unas a otras. En efecto, el primer capítulo al narrar el encuentro entre Ambrosio y Santiago alude al hecho misterioso que permanece oculto para el lector: el asesinato de Hortensia y la relación homosexual entre Fermín y Ambrosio. El efecto enigmático, puesto de relieve mediante ciertos procedimientos (1.3), es enfatizado por la tensión que origina una pregunta, una indagación, que no encuentra respuesta acabada y se ve acompañada de una frecuente alusión a un hecho desconocido. El juego de niveles narrativos crea una correlación imaginaria: el hecho oculto, pero presente en su ausencia, al quedar ésta señalada, parece proponer una correlación suficiente al fracaso. El personaje llegará incluso a afirmar que sí, que fue en ese momento, cuando supo la clase de relación que vinculaba a Ambrosio con su padre y la posible participación de éste en el crimen, cuando quedó determinado su fracaso. Pero no es la primera vez que afirma lo mismo respecto a otros acontecimientos, ni será la última vez que se interrogue: su matrimonio le brinda una nueva oportunidad para atribuir el fracaso (II-223). Pero aun en el caso de que se afirmara un antecedente causal único al fracaso, su verdadera función en el texto no se vería alterada, ya que seguiría constituyendo el sentido último que atraviesa el relato de la vida del personaje de principio a fin.

De la misma manera que la anticipación creaba una expectativa que no era sino la captación de una ausencia que el relato se compromete a llenar más adelante, este sentido anticipado que programa el texto abre una ausencia que los sucesivos acontecimientos que se proponen como término no consiguen colmar. El fracaso es mantenido durante el relato en un nivel que no le pertenece. Proponer o indagar los antecedentes del fracaso buscando una relación de causalidad es situar el significado lógico en el nivel de las funciones o de las acciones de los personajes, pero el relato concluye y el fracaso persiste sin que haya sido posible atribuirle ese acontecimiento particular tan buscado. La sanción del fracaso es más alta: constituye el mensaje del discurso.

7.2. La verificación del mensaje narrativo

Según la programación inicial de la novela, el fracaso colectivo enunciado por Santiago Zavala en el primer capítulo debe poder leerse, inferirse del texto; necesita, en definitiva, ser verificado. En el enunciado novelesco esta verificación consiste en el proceso que conduce esa afirmación del sentido lógico desde el nivel citacional (palabra de otro, no asumida directamente por el autor) al nivel narrativo (palabra denotativa, unívoca, última instancia significadora del texto). Pero esto no implica necesariamente que el narrador tenga que asumir explícitamente el enunciado sobre el fracaso, éste es ya un problema de la práctica literaria de la época.

El fracaso colectivo es una consecuencia directa de las leyes 3, 4 y 5 que regulan las relaciones entre los agentes-sujeto y los agentes-objeto. Se observa que en todos los casos las acciones de los segundos responden a la rección que los hace depender de los sujetos; dependencia que no se limita solamente al orden político, sino que abarca todas las esferas de acción de los agentes-objeto. Esta imposibilidad de ser sujetos de las propias acciones es el común denominador de todos los miembros del grupo-objeto. Su fracaso no es el resultado de acciones propias, libres, sino de acciones regidas por sujetos. Santiago Zavala expresa esta sensación de no sentirse protagonista de su propia vida:

> «¿No está contento con su matrimonio? —dice Ambrosio—. —Sí estoy —dice Santiago—. Lo que pasa es que ni eso mismo lo decidí realmente yo. Se me impuso solo, como el trabajo, como todas las cosas que me han pasado. No las he hecho por mí. Ellas me hicieron a mí, más bien» (II-197/80).

Los sujetos, en cambio, si fracasan, son los protagonistas de su propio fracaso, son dueños de sus decisiones. Como se recordará, la rección se engendraba en la correspondencia que la práctica política establecía entre los dos grupos; la rección política genera esa misma rección en cualquier otra clase de relaciones que se establezcan. La rección tiene, pues, su origen en esa práctica política ejercida por los sujetos; el fracaso es, por tanto, el efecto engendrado por la práctica política odriísta sobre los componentes del grupo-objeto, sobre la mayoría de la sociedad peruana.

El fracaso queda expresado también por los cambios de grupo que se producen en la historia. Aunque el narrador no enjuicie estos desplazamientos, existe un código de valores compartido por narrador y lector, que forma parte de las constantes lógicas de la comunicación. En CC los únicos personajes que experimentan un proceso de mejoramiento objetivo, es decir, que cumplen sus deseos, son Cayo, Ludovico e Hipólito, valiéndose para ello de medios que revelan una falta de escrúpulos total: engaño, sadismo, corrupción, etc. No son fieles a nadie, excepto a sí mismos. Los planes de Cayo para el futuro se cumplen según sus previsiones:

> «*Cuando esto termine me iré a vivir afuera tranquilo*» (I-299).
> —*Dijo (Cayo) que había venido de paseo ... Figúrate cómo estará de forrado. Una casa así para venir de paseo. Vive en Estados Unidos...*» (II-302).

En cuanto a Hipólito y Ludovico, también logran su sueño, entrar al escalafón policial. En cambio, otros personajes que reciben una apreciación moral más positiva sufren un proceso de degradación.

Si proyectamos estos procesos sobre el esquema de la práctica política, se observa que el mejoramiento corresponde a un cambio de grupo: Ludovico e Hipólito pasan de ser objetos-activos-adyuvantes a ser miembros del grupo sujeto. Por lo que respecta a Cayo, aunque finalmente y por decisión propia viva en el extranjero, su posición económica última permite afirmar que su paso por el poder político es un éxito, teniendo en cuenta que procede del grupo-objeto y que se crea poderosos enemigos durante su permanencia en el gobierno.

En resumen, con excepción de Cayo, que representa un caso particular, el cambio de grupo representa de derecha a izquierda del esquema (SUJETOS ← OBJETOS) un proceso de mejoramiento, mientras que de izquierda a derecha (SUJETOS → OBJETOS) supone un proceso de degradación. La explicación del sentido de estos procesos hay que buscarla en las reglas que rigen las relaciones entre los miembros del grupo-sujeto y los del grupo-objeto. La dependencia del segundo frente al primero explica también los procesos de degradación que experimentan los componentes del segundo sin necesidad de salir de su grupo: Carlitos despedido del trabajo que le permitía escribir, Trinidad López muerto por las torturas, militantes políticos en prisión o muertos en la guerrilla (I-161), etc.

Por lo que se refiere a la evocación retrospectiva de Santiago Zavala, el fracaso desborda los sucesivos hechos particulares que se proponen como causa inmediata, sobrepasa las experiencias concretas del personaje y deja abierto el interrogante sobre su explicación. Este fracaso individual sólo encuentra su verdadera significación en relación con el fracaso colectivo. En efecto, su peripecia vital puede leerse también desde el esquema de los grupos que define la práctica política. Miembro del grupo-sujeto por procedencia social, el personaje desemboca en el subgrupo de los objetos pasivos. Su oposición a su grupo de origen le lleva en un primer momento a la militancia política; durante esta etapa hace compatibles los dos grupos en que se desenvuelve, de un lado sigue en el domicilio familiar, ámbito de los sujetos, y de otro colabora con la organización clandestina Cahuide, ámbito de los objetos-activos-oponentes. A raíz de su detención, su padre le hace ver que ambos grupos son excluyentes:

> «*El papito te daba de comer, el papito te vestía y te pagaba los estudios y te regalaba propinas, y tú a jugar al comunismo, y tú a conspirar contra la gente que daba trabajo al papito, carajo eso no ... Cuando produzcas y te mantengas, cuando ya no dependas del bolsillo del papito, entonces sí ... Comunista, anarquista, bombas, allá tú. Mientras tanto a estudiar, a obedecer*» (I-211).

Santiago resuelve la alternativa autoexcluyéndose de ambos grupos. Abandona el domicilio familiar y la universidad, pero se separa igualmente de la actividad política, convirtiéndose así en miembro del grupo-objeto-pasivo. Su amigo Carlitos pone de relieve esta automarginación, este no ser ni lo uno ni lo otro:

> «*Ni abogado ni socio del Club Nacional, ni proletario ni burgués, Zavalita. Sólo una pobre mierdecita entre los dos*» (I-162).

Santiago sólo rescata de su fracaso el no haber participado en la esfera de acción de los sujetos. Al hacerlo, pone de relieve el efecto general que engendra la acción de los sujetos sobre el grupo-objeto:

> «*No me arrepiento de haber entrado a San Marcos en vez de la Católica ... Porque gracias a San Marcos no fui un alumno modelo, ni un hijo modelo ... Porque gracias a San Marcos me jodí. Y en este país el que no se jode, jode a los demás...*» (I-165/6).

El trayecto de la ficción novelesca no hace, en definitiva, sino desbordar aparentemente el sentido general que programa el texto. Sólo hay un fracaso, el del grupo-objeto, que tiene diversas particularizaciones. El fracaso individual de Santiago se inscribe y se explica sobre el fracaso colectivo. La historia, el significado retórico, deja en suspenso el carácter colectivo del fracaso, concretándolo y enunciándolo para un solo personaje y proponiéndole antecedentes singulares. La insuficiencia de los antecedentes propuestos deshace la particularización y remite el fracaso individual al colectivo. El movimiento del enunciado novelesco no hace sino desplazar al nivel de las funciones o de las acciones del personaje al fracaso, para recuperarlo después en el orden inicialmente propuesto, como sentido general que programa el texto.

Sin embargo, es ese desplazamiento del fracaso el que hace posible el trayecto de la ficción novelesca. Al enunciar el fracaso como derivación lineal de un acontecimiento, introduce la ausencia de la historia, crea su necesidad y su tensión, abre el intento de colmar el sentido propuesto.

7.2.1.   Son los enunciados en los que se expresan juicios sobre la situación política de la historia representada los que permiten postular la existencia del grupo-sujeto y del grupo-objeto y la correspondencia que se establece entre ambos. Estos enunciados son, pues, fundamentales porque nos proporcionan la organización del universo representado. En este apartado nos ocuparemos de examinar los procedimientos que confieren a estos enunciados el valor de objetividad necesario para poder extraer de ellos los fundamentos que permiten organizar a los personajes y sus relaciones.

El grado de presencia del autor se relaciona directamente con estos procedimientos. Vargas Llosa ha expresado en bastantes ocasiones su opinión sobre la presencia *invisible* del autor en su obra, remontándose a Flaubert, «el primero en razonar lúcidamente sobre la necesidad de abolir al autor para que la ficción parezca depender sólo de sí misma y comunique al lector la perfecta ilusión de la vida» [1]. Efectivamente, en CC el autor trata de ausentarse, al menos en lo que se refiere al modo tradicional de significar directamente los acontecimientos que se relatan. Pero obviamente es el narrador el que elige determinados procedimientos que le permitan ocultarse, hacerse presente de otra manera menos *visible*. Aquí sólo nos ocuparemos de su presencia en el enunciado de un personaje; es decir, de cómo utiliza el discurso de ese otro, que es el personaje, para enunciar lo que él no dice. De esta manera los enunciados asumidos por locutores particulares pueden hacerse portadores de un sentido adicional que expresa el propósito del autor. Dicho de otro modo, el enunciado de los personajes es objeto del enunciado narrativo del autor, que puede respetarlo en su significación objetiva, sin añadir nada, o bien, conservando el sentido propio del enunciado, puede introducir una nueva significación. Así, en el enunciado de Santiago Zavala la continua mención del fracaso coincide con los propósitos del autor, pero no ocurre lo mismo con el intento del personaje de encontrar un hecho concreto que lo explique. Esto último constituye un procedimiento para dejar en suspenso la inserción del fracaso individual en el colectivo.

---

(1) Prólogo a *Tirant lo Blanc*, pág. 23. Alianza Editorial. Madrid, 1969.

Los enunciados que analizan la situación política quedan asumidos en el relato por Cayo Bermúdez, que sistemáticamente da cuenta de la correlación de fuerzas que actúan y sus mutuas relaciones. Esta clase de enunciados de Cayo son rigurosamente respetados en su sentido objetivo, en muy contadas ocasiones se añade un nuevo sentido a sus palabras. Esta clase de personaje, cuyo discurso es aprovechado con tal intensidad por el autor para sus propios fines, corre el riesgo de resultar artificioso, de hacer visible al autor que hace de él su portavoz. Estos son los procedimientos empleados para evitar este peligro y dejar intacto el valor propio de los juicios enunciados y conferirles al mismo tiempo el valor denotativo que los convierte en la última instancia significadora del relato:

El discurso referencial: la narración que sigue los pasos de Cayo Bermúdez capta la realidad extra-lingüística sin mediaciones, por lo general. Se trata de un discurso referencial, caracterizado por su pureza, su transitividad y eficacia:

> «*Entró a la oficina, se quitó el saco, se aflojó la corbata. La correspondencia estaba sobre el secante: partes policiales a la izquierda, telegramas y comunicados en el centro, a la derecha cartas y solicitudes. Acercó la papelera con el pie, comenzó con los partes. Leía, anotaba, separaba, rompía*» (I-223).

Ese sentido de precisión queda extraordinariamente reforzado en el libro II, una de cuyas partes abarca un día completo de la vida de Cayo. Sus movimientos quedan rigurosamente cronometrados: se levanta a las 7,15 de la mañana, ordena que el coche esté listo a las 8 (I-220), llega a las 8,35 a la plaza de Italia (I-222), cita a Ludovico a las 4,30 en el club Cajamarca (I-222), avisa a Paredes que pasará a verlo veinte minutos más tarde (I-246), se señalan los quince minutos que tarda en llegar hasta el despacho de Paredes (I-269), acude a una cita con Fermín y cita a Ambrosio para una hora más tarde (I-287), finalmente se acuesta a las 3,40, dejando listo el despertador para las 8,30 (I-368).

Sus acciones: Desde Stendhal y Balzac se sabe que los personajes de ficción adquieren su espesor e individualidad cuando se mueven en un marco social históricamente determinado y representado en la novela. Pero una cosa es el fondo histórico-referencial que sitúa espacial y temporalmente la acción de los personajes, y otra notablemente distinta desarrollar un plano narrativo que exprese la práctica política que, desde el poder mismo, dispone y establece el marco en que se mueven los restantes personajes. Esa práctica política está encarnada por Cayo Bermúdez. De ahí que sus juicios políticos respondan a la función que desempeña en el mundo de la novela: director de gobierno primero y ministro del mismo departamento posteriormente, él es el encargado de la seguridad interior desde su llegada al poder.

La historia del relato: la dislocación temporal hace posible que las previsiones de Cayo sobre la situación política posterior se cumplan rigurosamente. Obsérvese en el texto que sigue la transparencia de sus análisis:

«—*Ustedes los militares siguen pensando en el Apra de hace veinte años —dijo Bermúdez—. Los líderes están viejos y corrompidos, ya no quieren hacerse matar. No habrá explosión, no habrá revolución ..»*

«—*No —dijo Paredes—. El Presidente se ha ganado al pueblo. Les ha construido hos-*

131

pitales, colegios, dio la ley del seguro obre-
ro. Si reforma la Constitución y quiere ha-
cerse reelegir ganará las elecciones limpia-
mente. Basta ver las manifestaciones cada
vez que sale de gira.

—Las organizo yo hace años —bostezó él
(Bermúdez)—. Dame plata y te organizo las
mismas manifestaciones a ti. No, lo único
popular aquí es el Apra. Si se les ofrece
unas cuantas cosas, los apristas aceptarían
entrar en tratos con el régimen.

—¿Te has vuelto loco? —dijo Paredes.

—El Apra ha cambiado, es más anticomu-
nista que tú, y Estados Unidos ya no los
veta —dijo él (Bermúdez)—. Con la masa
del Apra, el aparato del Estado y los grupos
dirigentes leales, Odría sí podría hacerse
reelegir.

—Estás delirando —dijo Paredes—. Odría
y el Apra unidos. Por favor, Cayo.

—Los líderes apristas están viejos y se
han puesto baratos —dijo él—. Aceptarían a
cambio de la legalidad y unas cuantas miga-
jas.

—Las Fuerzas Armadas no aceptarán ja-
más ningún acuerdo con el Apra —dijo Pa-
redes.

—Porque la derecha las educó así, hacién-
doles creer que era el enemigo —dijo él—.
Pero se las puede educar de nuevo, hacién-
doles ver que el Apra ya cambió. Los apris-
tas darán a los militares todas las garantías
que quieran.

—En lugar de ir a buscar a Landa al aero-
puerto, anda a consultar a un psiquíatra
—dijo Paredes—. Este par de días sin dor-
mir te han hecho daño, Cayo.

—Entonces, el 56 subirá a la Presidencia
algún señorón —dijo él bostezando—. Y tú

y yo nos iremos a descansar de todos estos trajines» (II-68).

La misma historia que se cuenta acude así en auxilio de la lucidez con que Cayo aparece investido. Cayo profetiza un futuro ya cumplido en el relato:

> *«¿No era increíble que los apristas y los odriístas que tanto se odiaban ahora fueran uña y carne, niño?»* (I-26).

Todos estos procedimientos crean la impresión de que nada mediatiza la visión de Cayo, de que conoce como ningún otro personaje las reglas del juego que se está desarrollando. No hay en él prejuicios de sujeto que actúen como cortina ideológica de sus análisis, puesto que es un miembro del grupo-objeto llegado casualmente al poder. Con mucha frecuencia interrumpe los comentarios retóricos de sus interlocutores para llamar a las cosas por su nombre. Los eufemismos, las definiciones oblicuas de los sujetos políticos adquieren su significado último cuando Cayo las somete a su discurso denotativo. La objetividad de sus juicios es la condición misma de su supervivencia en el poder, pero ni siquiera con respecto a esto se engaña, él mismo se encarga de profetizar su final:

> *«Cuando el régimen se termine, el que cargará con los platos rotos seré yo ... Todo el mundo se me echará encima, y los primeros los hombres del régimen —dijo él mirando deprimido la carne, la ensalada—. Como si echándome el barro a mí quedaran limpios»* (I-298).

LA PRESENCIA DE LA HISTORIA

El período histórico al que explícitamente remite el relato es el de la dictadura del general Odría en el Perú (1948-1956). Se respeta el nombre del dictador, aunque en ningún momento hace aparición en el relato, y se narra un hecho histórico: la revuelta de Arequipa. La historia real tiene así una presencia de primer orden en el texto, forma parte de la obra, de la misma manera que ésta forma parte del discurso cultural en que se inscribe. Pero esto no nos obliga necesariamente a estudiar el grado de fidelidad con que la práctica política o los acontecimientos del relato reproducen los sucesos históricos reales del período odriísta peruano. En principio, porque el enunciado novelesco no está sometido al estatuto del discurso histórico: contar lo que ha sucedido. Además, el autor es bastante explícito al respecto: «Pero, en fin, no hay en mi novela fidelidad de ningún tipo, digamos anecdótica, a la historia de esos ocho años. No, ni mucho menos»[1]. Descartada la fidelidad de la anéc-

---

(1) Citado por J. M. Oviedo en *Mario V. Llosa, la invención de una realidad*, pág. 185. Op. cit.

dota, se podría plantear como objeto de estudio la fidelidad de su mensaje, la interpretación del período odriísta peruano que se desprende de la novela. Pero eso supondría entrar en los problemas que plantean las relaciones entre la novela y la historia. Problema complejo que, si por un lado exige unos conocimientos sobre la historia peruana mucho más amplios que los que posee quien escribe esto, por otro, no coincide con la orientación de este trabajo, que intenta ocuparse sobre todo de las propiedades internas del relato en tanto que discurso literario.

José Miguel Oviedo señala que, además de la dictadura de Odría, se narran en la novela experiencias muy concretas del autor, una parte importante de su vida personal: «antes de culminar su educación secundaria... el novelista fue un oscuro redactor de informaciones locales en dicho periódico limeño (se refiere a «La Crónica», que aparece con el mismo nombre en la novela)... Otras coincidencias aumentarán el parecido: ambos, Vargas Llosa y Zavalita, fueron antes que periodistas, estudiantes sanmarquinos, primera ocasión para alimentar sus decepciones; ambos militaron como universitarios en una célula política clandestina que conserva su auténtico nombre (Cahuide) en la novela; viajando en la camioneta de «La Crónica» en misión periodística, ambos sufrieron un accidente; ambos vivieron los duros años de Miraflores en «la quinta de los duendes» [1].

Estas coincidencias entre el personaje de ficción y el autor tampoco encuentran aquí su lugar adecuado. Constituyen, sin duda, elementos imprescindibles para quien se ocupe de estudiar

---

(1) En *Mario V. Llosa, la invención de una realidad*, página 188. Op. cit.

las relaciones entre la vida y la obra del autor, entre la persona que existe y la persona que escribe.

Pero ni que decir tiene que estas consideraciones no pretenden negar en lo más mínimo la dimensión histórico-política de la novela ni el compromiso ideológico del autor. La quema de «La ciudad y los perros» en el colegio Leoncio Prado bastaría para echar por tierra cualquier afirmación en ese sentido. Pero tampoco deja de ser cierto que esa novela no habría llegado a la hoguera de no ser por la enorme difusión que tuvo; y ésta no puede explicarse sólo, y ni siquiera primordialmente, como una consecuencia de la transposición al mundo de la novela de la institución militar peruana, sino que se explica fundamentalmente a partir de su valor como obra literaria. Para que una novela merezca el honor de ser quemada con semejante ritual necesita algo más, mucho más que ser un mero ataque, por duro y justificado que éste sea. Compartimos sin reservas lo escrito por Vargas Llosa a este respecto: «… un poema o una narración deben justificarse estéticamente para ser eficaces vehículos ideológicos» [1].

8.1. LA PRESENCIA FORMAL DEL DISCURSO HISTÓRICO

Aunque el lector de CC desconozca por completo la historia peruana e ignore, por tanto, quién fue el general Odría y las fuerzas políticas que lo apoyaron o lo combatieron, el relato proporciona elementos suficientes para percibir el fondo

---

(1) En *Tres notas sobre Arguedas*, pág. 35. Nueva Novela Latinoamericana 1. Ed. Paidos. Buenos Aires, 1969.

histórico-político como perteneciente a la historia real. Vaya por delante la causa más evidente: se menciona un país que existe, el Perú, y la historia que se narra tiene lugar en un tiempo relativamente próximo al lector de hoy. Indudablemente esto impone ciertas exigencias de fidelidad histórica al relato que no pueden ser soslayadas, so pena de atentar contra la verosimilitud psicológica del lector. Pero junto a estas informaciones que sitúan espacial y temporalmente la historia narrada, existen otras razones que guardan estrecha relación con los procedimientos que caracterizan al discurso histórico. De ellos nos ocuparemos ahora.

8.1.1. EL DISCURSO SOBRE SANTIAGO ZAVALA Y EL DISCURSO HISTÓRICO

Como se recordará, la historia de Santiago Zavala está contada desde su visión de los acontecimientos y tiene por interlocutores a Carlitos y Ambrosio.

Queremos probar aquí que la novela se lee desde una perspectiva histórica y que ésta se impone no sólo por los elementos de la historia real que se incorporan, sino además por las propiedades del discurso de Santiago Zavala. Cuando en un relato el sujeto de la enunciación interviene en el enunciado desde el tiempo de la enunciación, queda al descubierto un artificio fundamental de la novela: el de ser un discurso que no se separa del presente de los personajes, que sigue a éstos en el curso de sus peripecias paso a paso. Esta intervención revela al sueto narrador situado en una perspectiva temporal posterior al tiempo del enunciado, rompiendo así la ilusión de que el narrador es un testigo simultáneo que cuenta a medida que los acontecimientos se van desarrollando. Esta ruptura del paralelismo entre la palabra del narrador y la historia narrada aporta una perspectiva histórica a los acontecimientos, que aparecen así como ya cumplidos y conocidos por el narrador. Estas intervenciones son tan frecuentes en la historia de Santiago Zavala que apenas puede leerse una página sin que aparezca al menos uno de ellos; los hechos narrados se presentan así como *ya ocurridos*.

Roland Barthes en su estudio sobre el discurso histórico dice que «el enunciado histórico debe permitir cortes destinados a determinar unidades de contenido que más tarde podrán ser clasificadas. Estas unidades de contenido representan aquello de que habla la historia; como significados no son ni el referente puro ni el discurso completo: su conjunto está constituido por el referente segmentado, nombrado, ya inteligible, pero no sometido aún a la sintaxis»[1]. Al estudiar las *anticipaciones*, comentábamos cómo en CC el hilo del relato abandonaba continuamente a los personajes y adelantaba acontecimientos o conclusiones de lo que se estaba desarrollando. Estas anticipaciones son equivalentes a las unidades de contenido del discurso histórico, ya que nombran unidades que serán objeto de un despliegue posterior. Aunque al hablar de la sintaxis narrativa no mencionábamos el empleo de las anticipaciones como rasgo específico de ningún eje narrativo del relato, es esta anticipación sistemática de los acontecimientos lo que caracteriza el discurso de Santiago Zavala, que ejerce así la función predictiva del historiador.

(1) "Le discours de l'histoire", en *Information sur les Sciences Sociales*. International Social Sciences Council, 1967. Traducido al español en "Estructuralismo y Literatura", página 43. Ed. Nueva Visión. Buenos Aires, 1972.

Ya dijimos que la tensión del discurso quedaba desplazada del *¿qué va a pasar?* al *¿cómo pasó?*

Tomando como referencia el predominio de los índices o de las funciones pueden caracterizarse dos formas opuestas de discurso histórico: en el primer caso, la abundancia de índices que remiten a un significado implícito, conduce la historia a una forma metafórica; en el segundo, la mayor densidad de las funciones apunta a una forma metonímica de la historia que se aproxima a la epopeya. Pero cabe también una tercera forma de discurso histórico en el que se intenta reconstruir las alternativas ofrecidas a los protagonistas de la historia; a ésta puede asimilarse el enunciado sobre Santiago Zavala, que en su indagación especula sobre las elecciones que se le presentaron:

«*¿Y si te inscribías ese día, Zavalita, piensa? ¿La militancia te habría arrastrado, comprometido cada vez más, habría barrido las dudas y en unos meses o años te hubiera vuelto un hombre de fe, un optimista? ... o habrías sido más generoso y entrado a un grupo insurreccional y soñado y actuado y fracasado en las guerrillas y estarías en la cárcel, como Héctor piensa, o muerto y fermentado en la selva, como el cholo Martínez...*» (I-160/1)

«*... los pies juntos. ¿Quería de veras un consejo, piensa, sabía que estabas enamorado de ella y quería saber si te atreverías a decírselo? ¿Qué habría dicho si yo, piensa, qué habría yo si ella. Piensa: ay, Zavalita*» (I-128) [1].

---

(1) La única alternativa sobre la que especula Santiago Zavala es la militancia política. Aída representa la militancia además de la pareja.

En cuanto a la significación del discurso histórico, el carácter referencial de los hechos parece situar el sentido del discurso más allá de cualquier paralelismo con el relato de ficción. Sin embargo, los hechos en sí mismos no tienen significación, es el historiador quien se encarga de organizarlos en el discurso y dotarles de un sentido que rellene el vacío de la pura seriación. El discurso de Santiago no es tampoco un simple conjunto de sucesos inarticulados, sino que éstos quedan estructurados por un sentido anterior: el fracaso.

Aunque en el discurso sobre Santiago percibimos lo narrado desde su peculiar visión y lenguaje, no podemos identificar al personaje con el verdadero narrador, que es quien se vale de él para adoptar esta perspectiva histórica. Esto puede justificar la ausencia de los *shifters* propios del discurso histórico, es decir, la ausencia de los signos que regulan el paso del enunciado a la enunciación, con ayuda de los cuales el historiador modifica y organiza su discurso. En el enunciado que tiene a Santiago por protagonista, la situación desde la que se evocan y reconstruyen los hechos narrados se encuentra representada: Santiago y Ambrosio conversan en el bar la Catedral (ésta es la situación principal, pero también hay otras que tienen como interlocutor a Carlitos). El narrador para organizar su discurso sólo necesita hacer intervenir a cualquiera de estos personajes desde el presente de la enunciación *(dice* Santiago / *dice* Ambrosio / *piensa* / *Zavalita*). De esta manera se produce el roce de los tiempos que caracteriza el paso del enunciado a la enunciación y origina hechos de discurso que son característicos del discurso histórico.

De la misma manera que el historiador detiene su discurso para hacer una reflexión sobre lo anterior o para resumir un período de tiempo largo y de poca relevancia, el narrador se vale de la visión de Santiago con fines similares:

«*Años que se confunden, Zavalita, mediocridad diurna y monotonía nocturna, cervezas, bulines, reportajes, crónicas: papel suficiente para limpiarse toda la vida, piensa. Conversaciones en el Negro-Negro, domingos con chupe de camarones, vales en la cantina de «La Crónica», un puñado de libros que recordar. Borracheras sin convicción, Zavalita, polvos sin convicción, periodismo sin convicción*» (II-50).

Existe otro modo de detención que también caracteriza al discurso histórico; aquél en que el enunciador expresa sus dificultades para seleccionar lo verdaderamente significativo para su discurso con fórmulas del tipo «entre los muchos acontecimientos de este período...» Esta clase de detención se encuentra hacia el final de la historia del personaje, cuando el tiempo del enunciado se va aproximando al de la evocación:

«*¿Qué más que valiera la pena, Zavalita, qué más que sobreviviera?* (II-173).
«*En esa gelatina de días, en esos meses malaguas, en esos años líquidos que se escurrían de la memoria, sólo un hilo delgadísimo al que asirse. Piensa: Ana*» (II-212).
«*¿Qué más Zavalita, qué más?: la conversación con el Chispas, piensa, nada más*» (II-290).

Cada vez que se produce el paso del enunciado a la enunciación tiene lugar una interrupción de la línea temporal. Al no existir una actitud propiamente histórica que delimite, advierta o codifique de algún modo la distinción de los tiempos, se originan no ya yuxtaposiciones, sino penetraciones que aniquilan los bordes temporales y producen en bastantes casos bivalencias temporales de los enunciados (véase 1.6.1).

No tiene sentido preguntarse hasta qué punto esta perspectiva histórica, que no es exclusiva de este eje (son numerosos los personajes-narradores), le viene impuesta al narrador por la misma materia narrativa. La historia ha sido novelada muchas veces sin que el autor haya renunciado a ese paralelismo entre la palabra y los acontecimientos que constituye la ficción básica del relato. Si esto no sucede en CC es simplemente porque el autor renuncia a esa ilusión de una historia que avanza a medida que se narra, y elige presentar los acontecimientos desde una perspectiva temporal que hace que se perciban como concluidos; lo cual supone una aproximación al discurso de la historia y un modo de presencia formal de ésta en la novela.

LA CIUDAD Y LOS PERROS

La primera novela de Vargas Llosa, de la que vamos a analizar brevemente el orden representado y las reglas que regulan las acciones de los personajes, presenta un universo organizado según los mismos principios que más tarde aparecerían en CC.

Los militares que dirigen el colegio Leoncio Prado, escenario principal de «La ciudad y los perros» (en adelante CP), tienen a su cargo una serie de alumnos, de cuya educación son responsables durante un período de tres años. Nuevamente estamos ante una tajante división de los personajes del relato en dos grupos que se excluyen mutuamente: educadores y alumnos. Los militares tienen una misión que cumplir, están investidos de la capacidad de obrar propia de los sujetos; los alumnos, por el contrario, constituyen el conjunto de personajes sobre el que se ejerce la actuación de los militares profesionales. Podemos, pues, retomar las categorías de grupo-sujeto y grupo-objeto que ya utilizamos en CC.

9.1. Las relaciones entre los sujetos

En CC el Ejército era un subgrupo del grupo sujeto y su estratificación jerárquica inmanente no alcanzaba a manifestarse de modo suficiente para constituir una relación de base; el Ejército funcionaba allí como un todo. En CP, por el contrario, la jerarquía militar constituye una significación permanente y proporciona el andamiaje estructurador del relato. El verticalismo inherente a la estructura militar se suele expresar con términos como disciplina, obediencia, etc. Aquí lo formalizaremos utilizando la misma relación de base que en CC, la rección, que en el caso de los militares es unilateral y obligatoria. Si en CC existía una correspondencia entre miembros pertenecientes a distintos grupos, en CP vincula a miembros del mismo grupo. Habría que pensar también en una relación distinta para miembros pertenecientes a la misma clase jerárquica, tenientes, capitanes, etc., pero estas relaciones no se manifiestan suficientemente en el relato como para requerir un predicado de base que las englobe.

9.1.1. Las relaciones entre el grupo-sujeto y el grupo-objeto

Podríamos intentar englobar a los cadetes del colegio Leoncio Prado en la estructura militar, pero es precisamente la ambigüedad de su situación desde el punto de vista militar lo que les caracteriza. No son soldados ni están allí para convertirse en profesionales del Ejército. Esta ambigüedad queda formulada en varios momentos:

> «... *a unos (los soldados) los habían arrancado a la fuerza de sus pueblos para meterlos a filas; a los otros (los cadetes), sus familiares los enviaban al colegio para librarse de ellos*» (154).
>
> «... —*dijo el coronel*— ... *¡Esto no es un cuartel, señores!... Si le cae un balazo a un soldado, se le entierra y se acabó. Pero éstos son alumnos, niños de su casa...*» (215).
>
> «*Si fuera cadete no me hubiera pegado, mi teniente (dice un cabo)*» (315/6).
>
> «*Es una lástima que a estos niños no se los pueda tocar. Si les levantas la mano se quejan y se arma un escándalo*» (158).

Pero los cadetes tampoco pueden asimilarse sin más a alumnos de un colegio cualquiera. Están sometidos a una disciplina más rígida y reciben instrucción militar. Esa es, sobre todo, la razón de que sus padres les envíen al Leoncio Prado, esperan que la vida militar opere sobre ellos ciertos cambios:

> «*A la mitad los mandan sus padres para que no sean unos bandoleros —dijo Gamboa—. Y a la otra mitad para que no sean maricas.*
> —*Se creen que el colegio es un correccional...*» (58).

Pero, pese a la ambigüedad militar de su situación, no hay duda de que los alumnos constituyen el objeto de ese orden que rige en el Leoncio Prado. Todos los profesionales del Ejército son sujetos en su relación con ellos. La rección define también en este caso el predicado de base que regula las relaciones entre ambos grupos; pero esta rección es relativa en comparación con la rección propiamente militar, que es absoluta.

147

Sus diferencias se pondrán de manifiesto al estudiar las reglas de transformación. Pero ya ahora podemos señalar una diferencia importante: la rección absoluta pone en relación miembros del mismo grupo, el grupo de los militares, mientras que los términos que correlacionan la rección relativa pertenecen a grupos distintos. En el primer caso se trata de una ley interna del conjunto militar, mientras que en el segundo es una correspondencia entre dos conjuntos que no tienen elementos en común, los militares profesionales y los alumnos [1].

9.1.2. RELACIONES ENTRE LOS MIEMBROS DEL GRUPO-OBJETO

Dos clases de relaciones se van a dar entre los alumnos; la primera reproduce la rección absoluta que se da entre los miembros del grupo-sujeto. Entre los cadetes existe también una cierta jerarquía militar de acuerdo con el año que cursan; los «perros» son los cadetes y novatos, y sobre ellos recae la autoridad de los otros. Pero no es esta suerte de veteranía la que explica la rección, sino una ley que se aplica de forma generalizada: la del más fuerte. La violencia y la astucia determinan quién rige a quien. Es, como en el caso de la rección entre los militares, una relación entre miembros del mismo grupo y guarda un exacto paralelismo con aquélla en cuanto a su funcionamiento.

---

(1) En el grupo-sujeto de CC también se daba una rección interna de los sujetos permanentes (Ejército y capitalismo) sobre el sujeto temporal (el gobierno); pero en CC esta rección permanecía latente y no llegaba a constituir un predicado de base.

La segunda relación entre los cadetes es la alianza. Pero, como veremos, la alianza sólo surge ante el enemigo común, que pueden ser los militares u otros cadetes.

9.1.3. LA REGLA DE OPOSICIÓN Y LA REGLA DE PASIVO

La rección absoluta que rige las relaciones internas en ambos grupos la consideraremos como una sola. Esto significa eliminar la diferencia entre una ley aceptada, que sería el caso de los militares profesionales, y una ley impuesta, que es como se da entre los cadetes. Esta rección admite su predicado negativo, la no-rección, pero no admite su transformación pasiva. Cuando ésta tiene lugar se produce una infracción que ha de ser castigada o anulada.

En cambio, la segunda clase de rección, la que tiene por regentes a los militares y por regidos a los cadetes, admite su predicado negativo y también su transformación pasiva. Jaguar, al defenderse de Gamboa, le alcanza con uno de sus puños:

«—*Podría matarte —dijo—. Estoy en mi derecho. Soy tu superior y has querido golpearme. Pero el consejo de oficiales se va a encargar de ti*» (271).

Sin embargo, lo que dice Gamboa no se cumple, Jaguar no sufre ningún castigo por haber invertido fugazmente la rección. Frente a los cadetes la rección militar queda atenuada; éste es el sentido de que la rección admita una transformación pasiva.

En cuanto a la alianza, como en CC, admite su predicado opuesto, realizado como *oponerse*, y su transformación pasiva.

149

9.1.4. Las reglas de acción

Regla 1: Sean *a* y *b* dos agentes-sujeto o dos agentes-objeto y que *a* rige a *b*. Entonces, tanto *a* como *b* actúan de manera que la rección se cumple.

Esta regla vale tanto para las relaciones entre los miembros del grupo-sujeto como para las del grupo-objeto. «El Esclavo», Ricardo Arana, es el blanco permanente de las recciones de los cadetes, especialmente de los miembros del Círculo. Boa, Rulos, Jaguar y Cava le orinan encima mientras duerme, escupen en su comida, le quitan los cigarrillos y el dinero, lo apalean, etc. Para narrar la novatada de los nuevos cadetes se cuentan precisamente las tremendas humillaciones a que someten a este personaje. Ricardo Arana es el objeto perfecto, no es capaz de regir a nadie y es, en cambio, objeto de la rección de todos. La razón es su incapacidad para la violencia:

«—*No me gusta pelear* —*dijo el Esclavo*—. *Mejor dicho, no sé*» (23).

La noche en que Cava roba el examen, Ricardo Arana está de guardia y lo ve pasar hacia las aulas, convirtiéndose así en testigo involuntario del robo. Esa guardia que cumple Arana le corresponde a Jaguar. La intriga tiene su arranque en el cumplimiento de una de las muchas acciones que se le imponen. Ricardo Arana es el personaje equivalente a Ambrosio en CC.

El Círculo, el grupo formado por Jaguar, Boa, Rulos y Cava, ejerce la violencia sobre los demás componentes del año. Pero Jaguar se encarga de que esa misma violencia sea también la relación que jerarquiza internamente al grupo; es él quien afeita media cabeza a Cava, concluyendo la operación del modo siguiente:

«*El Jaguar le limpió la espuma con pelos
y de pronto le aplastó la mano en la cara:
come, serrano, no tengas asco, espumita rica,
come*» (202).

En cuanto a la rección entre los militantes, se
da en diferentes momentos, pero sin que se deri-
ven hechos de particular relieve. Sólo la pasiva
de la rección provocará infracciones que son fundamentales para la intriga.

Regla 2: Sean *a* un agente-sujeto y *b* un agente-objeto y que *a* rige a *b*. Entonces *b* actúa de
manera que la rección no se cumpla.

Esta regla expresa las relaciones entre los militares y los alumnos. Es una rección relativa que
los alumnos tratan sistemáticamente de evitar.
Alberto se encarga de hacerle un resumen al capitán:

«*Alberto tosió ... e insensiblemente desli-
zaba en su relato a los otros cadetes y des-
cribía la estrategia utilizada para pasar los
cigarrillos y el licor, los robos y la venta de
exámenes, las veladas donde Paulino (concursos de masturbación colectiva), las con-
tras (huidas del colegio) por el estadio y La
Perlita, las partidas de póquer en los baños,
los concursos, las venganzas, las apuestas...*»
(255).

El único militar que se hace obedecer totalmente por los alumnos es el teniente Gamboa.
La explicación es que no sólo domina por la disciplina militar, sino que además sabe cómo utilizar su potencia física para hacerse respetar por
los cadetes. En las maniobras militares corre en
cabeza de su compañía:

«... *Gamboa comprobó que los cadetes estaban realmente fatigados; algunos corrían con la boca abierta y el rostro lívido ... Y siguió corriendo ... luchando por no abrir la boca, aunque él también sentía que su corazón y sus pulmones reclamaban una gran bocanada de aire puro ... cerrando los ojos, consiguió apresurar la carrera ... Allí se detuvo y sólo entonces abrió la boca ... Antes de dar media vuelta, se limpió el sudor de la cara, a fin de que los cadetes no supieran que él también estaba agotado»* (161/2).

Gamboa llega incluso en una ocasión a aceptar la misma regla que rige entre los cadetes:

«*¿Alguien quiere algo conmigo, de hombre a hombre?*» (150).

Sus cualidades físicas se ponen con frecuencia de relieve (44/37). Es la falta de atributos físicos lo que dificulta al suboficial Pezoa en el ejercicio de su autoridad con los cadetes (43). La gordura del coronel y su falta de porte militar se señalan también en numerosas ocasiones.

El primer paso de la intriga, el robo del examen de Química, obedece a esta regla, no constituye un hecho anormal en la vida de los cadetes, sino todo lo contrario.

Regla 3: Sean *a*, *b* y *c* tres agentes-objeto y que *a* rige a *b*. Si *a* se alía con *b*, es que ambos se oponen a *c*.

Las pugnas entre los cadetes, la pelea en el cine (59/62), la batalla entre los cursos en el estadio (65/71), todas, en fin, las escaramuzas violentas entre los cadetes crean alianzas y oposiciones simultáneas. Las relaciones entre Alberto y Ricardo Arana también se inician de esta manera: los dos se alían para robar un capote militar a un tercero. Otro tanto ocurre con los ata-

152

ques verbales que los otros cadetes le dirigen a Arana: si Alberto se alía con él, defendiéndolo, implica un enfrentamiento con el atacante.

Regla 4: Sean *a* y *b* dos agentes-objeto y *c* un agente-sujeto que rige a ambos. Si *a* se alía con *b* es para actuar contra la rección del sujeto.

Todos los casos de compañerismo entre los cadetes se basan en esta alianza frente a los militares:

> «*Los oficiales no descubren nunca lo que pasa en las cuadras si nosotros no queremos*» (245).

Tras la batalla en el cine:

> «... *qué manera de disimular, todos son formidables cuando se trata de fregar a los tenientes y a los suboficiales ... yo no sé una palabra del asunto y lo mismo los de quinto, hay que ser justos*» (61).

Vallano hiere a un cadete con un madero y toda la sección queda consignada hasta que aparezca el culpable; pero el culpable no es descubierto (43). Lo mismo sucede en otras ocasiones (59 y 268). Todos los casos de venta de exámenes y similares pueden considerarse como alianzas de los cadetes frente a los militares. La ayuda que Arana presta a Alberto durante el examen de Química constituye también un intento de escapar a la rección del teniente Gamboa, que está vigilándolos.

El descubrimiento del robo del examen no supone, según vemos por todos estos casos, una situación nueva para los cadetes, que ya se han visto envueltos anteriormente en casos similares y siempre los han resuelto amparándose en el silencio. Lo insólito es que alguien denuncie al cul-

153

pable en un caso así, y esto es lo que hace Arana. Pero con su denuncia entramos ya en las infracciones.

9.2. LAS INFRACCIONES Y LA INTRIGA

Al denunciar a Cava, Ricardo Arana infringe la regla 1, ya que da lugar a la pasiva de la rección (Cava es regido por Arana). Esta infracción es castigada, como en el caso de Hortensia en CC, con la muerte. Tanto en un relato como en otro, el crimen no constituye una infracción de las leyes que gobiernan el universo de los personajes, sino el restablecimiento del orden alterado. No importa quién mata realmente a Ricardo Arana, como tampoco la tenía —desde el punto de vista de las reglas del relato— el que Ambrosio fuera el asesino material; lo que nos interesa aquí es la función que cumple el crimen, que no es otra más que el castigo de la infracción. Aceptar la posibilidad de que el crimen no es intencionado (como parece que el mismo Vargas Llosa admite) [1], sería algo así como comprometer al azar, a la providencia, o como quiera que se le llame, en el mantenimiento del orden que preside el mundo representado; posición que preferimos no tener en cuenta.

Tal como Queta, que en CC denunciaba a los autores del crimen, originando una segunda infracción, en CP Alberto acusa a Jaguar del asesinato, dando lugar a una segunda infracción. La infracción de Queta quedaba anulada en el momento mismo de su declaración, con la acusación de Alberto no ocurre lo mismo: el teniente

---

(1) Citado por J. M. Oviedo en *Mario V. Llosa, la invención de una realidad*, pág. 99. Op. cit.

Gamboa le escucha y cursa parte a sus superiores. Si en lugar de hacer esto, Gamboa, haciendo uso de su autoridad como militar y como hombre capaz de imponer también la rección por la violencia, hubiera obligado a Alberto a callar, la infracción habría quedado anulada en el momento y sólo Gamboa se haría cómplice del crimen. Pero la función del crimen tiene un mayor alcance: hacer cómplice del mismo al conjunto de la institución militar. Efectivamente, Gamboa cursa el parte y sus superiores se niegan sistemáticamente a aceptarlo, ordenándole que se olvide del asunto. Pero Gamboa, apoyándose en el reglamento militar, regla escrita, les obliga a cursar el informe para que se abra una investigación, infringiendo así la regla 1 (Gamboa rige a sus superiores en grado):

«—*Su opinión no me interesa —dijo el mayor con desprecio—. Le estoy dando una orden. Guárdese esas fábulas para usted y obedezca: ¿O quiere que lo lleve ante el Consejo? Las órdenes no se discuten, teniente.*
—Usted es libre de llevarme ante el Consejo, mi mayor —dijo Gamboa suavemente—. Pero no voy a rehacer el parte. Lo siento. Y debo recordarle que usted está obligado a llevarlo donde el comandante» (277)

El informe llega hasta el mismo coronel que dirige el centro. El coronel obliga a Alberto a retractarse, ejerciendo su autoridad como militar y, sobre todo, haciendo uso del chantaje: si Alberto no retira su acusación, será expulsado del colegio (el coronel tiene en su poder unas novelitas pornográficas escritas por Alberto). El orden que rige las relaciones entre los cadetes queda restablecido: Alberto deja de regir a Jaguar. El orden militar se impone de nuevo: Gamboa es

155

destinado a una de las peores guarniciones del Ejército. El capitán recuerda a Gamboa la regla 1, que es la que regula verdaderamente el funcionamiento de la institución militar, y no la ley escrita:

«... no olvide en el futuro que en el Ejército se dan lecciones de reglamento a los suboficiales, no a los superiores» (322).

9.2.1. LOS DOS ÓRDENES REPRESENTADOS

«Los oficiales no pueden saber lo que pasa en las cuadras. Es como si fuera otro mundo» (255).

En efecto, son dos los mundos representados. No sólo existe el orden militar en el Leoncio Prado, sino que en pugna con él se alza otro que lo desafía y lo reproduce en su funcionamiento de un modo más implacable, mediante la violencia. El orden de las «cuadras», el de los cadetes es desconocido oficialmente por los militares; el orden militar no puede reconocer su existencia. El orden de los cadetes se le hace presente a Arana en el momento mismo en que va a denunciar a Cava:

«No voy a traicionar al Círculo, pensó, sino a todo el año, a todos los cadetes» (120).

Arana no se siente actuar de acuerdo con la rección militar, sino en contra de un orden más fuerte, el que rige a los cadetes internamente. Este orden es reconocido en la práctica en diversos momentos por los mismos mlitares. El oficial que se hace cargo de la denuncia de Arana sabe que si los cadetes averiguaran quién es el denunciante, «lo harían papilla» (122). Las conversaciones privadas entre los oficiales también dejan ver que están perfertamente al tanto de lo que ocurre.

> «—*Son unos delincuentes natos ... No escarmientan con nada... Desde que estoy aquí ya han expulsado a media docena.*
> —*... se malogran a medida que crecen. Los de quinto son peores que los perros»* (158).

Sólo la existencia de estos dos órdenes explica la distinta acogida que hacen los militares de las dos denuncias de los cadetes. En la primera Arana denuncia a Cava ante el oficial Huarina. Consecuencias: Arana consigue su propósito (salir del Leoncio Prado para ver a Teresa), Cava es expulsado y Huarina es felicitado por sus superiores. En la segunda, Alberto denuncia a Jaguar ante el teniente Gamboa. Consecuencias: Alberto se ve obligado a retirar su acusación, Jaguar no recibe ningún castigo y Gamboa es castigado por sus superiores. Los episodios son paralelos, pero diametralmente opuestos en sus resultados. La razón estriba en que el robo de Cava y la denuncia de Arana no alteran el orden militar, es una pura cuestión de disciplina, cuyo incumplimiento se sanciona con la expulsión, de acuerdo con la rección que ejercen los militares sobre los alumnos. La denuncia de Arana es una infracción del orden de los cadetes, pero no compromete al orden militar.

La denuncia de Alberto, por el contrario, no es sólo una infracción del orden de los cadetes, sino que además supone, en el caso de que se abra una investigación y se compruebe que Arana fue asesinado, una prueba irrefutable de la existencia de ese orden. El crimen es el castigo

a la violación de una norma que no es la del
orden militar, pero al mismo tiempo deja al descubierto la ineficacia del orden que supuestamente impera en el Leoncio Prado. «Los trapos su-
cios se lavan en casa», dice el coronel en una
ocasión (212); pero el crimen no puede ser «lava-
do» en el colegio, exige la intervención de auto-
ridades superiores. El coronel y el comandante
tratan a toda costa de evitar el «escándalo», que
no es sino la evidencia de que la institución militar fracasa en la misión que debería desempeñar,
el reconocimiento de que el orden militar engendra un orden paralelo que intensifica los comportamientos que supuestamente debe evitar y
los convierte en ley inexorable que rige a los cadetes.

LA ORGANIZACION DE LOS UNIVERSOS
REPRESENTADOS

Tanto en CC como en CP los hechos que componen la intriga mantienen una relación semejante con respecto a las otras unidades que la rodean, pero no se confunden con ella. Una intriga siempre necesita unos personajes en quien encarnarse, sujetos particulares que en sus hechos de vida engarcen una anécdota por escasa que sea. Describir un mundo sin personajes es una tarea infinita, la representación del mundo del relato es necesariamente fragmentaria siempre, pero la forma más económica de *captación* de ese mundo es en todos los casos introducir en él un sujeto capaz de manifestarlo. En las novelas siempre es posible diferenciar las unidades y nexos de la intriga de las otras unidades que entran en una relación menos precisa, pero que son igualmente necesarias, ya que proporcionan una serie de informaciones indispensables para captar el mundo que rodea la historia y, en consecuencia, para el sentido de la historia misma. Este mundo representado tiene como función fundamental conferir verosimilitud a la intriga. No hay intriga imposible, sino fracaso en la representación del mundo capaz de albergarla, de darle existencia verosímil. La intriga, a su vez, entra en una relación de enjuiciamiento respecto a la realidad evocada, que siempre puede ser leída como el conjunto de los posibles que alberga o puede albergar. Novelar un hecho marginal del mundo representado sólo significa acotar indirectamente lo normal o habitual de ese mundo. La intriga necesita del mundo que la rodea y, al mismo tiempo remite a él. No es necesario que el universo evocado venga dado a través del narrador, como era práctica habitual de los novelistas del siglo XIX. Todo, desde la primera a la última palabra del enunciado novelesco, ofrece una representación del mundo en que se desarrolla la historia. Entre ambos se pueden establecer relaciones: los mundos que rodean a los personajes de Kafka quedan tan inexplicados como sus personajes y lo que les sucede; la corrección que impone Robbe Grillet al mundo de los objetos para liberarlos de significación humana alcanza también a los personajes.

Pero regresemos a Vargas Llosa. La crítica ha señalado ya lo que hay de novela tradicional en un mundo causalista y conflictivo. Es cierto que un personaje en conflicto con su mundo está caracterizando ese mundo, está dando la medida de sus posibles y sus imposibles. Esto lo hace toda intriga por particular que sea. Sin embargo, en CC y en CP hay algo más que una intriga particular que enjuicia indirectamente el mundo evocado: la intriga no se quiere intriga particular, sino ejemplificación, ilustración del mundo en que se desarrolla; y no de forma implícita, sino totalmente explícita. La intriga es el caso concreto que comunica por vía emocional una situación general; no se trata de buscar un ejemplo apropiado que deje entrever más o menos difusamente el mundo que subyase, sino que el mundo mismo está puesto, enjuiciado e ilustrado por la intriga.

Este sentido ejemplificador de la intriga tiene su fundamento en la adscripción de los personajes a determinados grupos, que definen las esferas de acción en sus miembros y las relaciones que pueden mantener con los miembros de su grupo o de otro distinto. De ahí el valor de representación de su propio grupo, del que con frecuencia son portadores los personajes. Los relatos de Vargas Llosa revelan más las relaciones abstractas que gobiernan a los personajes que sus propias individualidades. A propósito de una novela que no hemos examinado en este trabajo, pero que se estructura de manera parecida, Vargas Llosa dice: «En *La casa verde* he tratado de encontrar un procedimiento técnico que haga eso más visible, y es el hecho de haber suprimido casi completamente los personajes individuales y haber tratado de presentar personajes colectivos, es decir, grupos que pertenecen a realidades distintas y que son como manifestaciones de esas realidades distintas» [1].

La fatalidad y el determinismo que la crítica ha señalado en las novelas del autor se debe a este propósito deliberador del escritor por explicar las relaciones colectivas, sociales, del mundo representado. Luis Harss tiene toda la razón cuando afirma que en las novelas de Vargas Llosa «las individualidades de los personajes se pierden en la densidad del ambiente» y que «sus reacciones (de los personajes) son genéricas» [2].

El carácter de estas relaciones queda expresado por el hecho de que una de ellas sea la *rec-*

---

(1) En *Los nuestros*, de Luis Harss, págs. 442/3. Editorial Sudamericana. Buenos Aires, 1968.
(2) Ibid., pág. 441).

ción, que es irreversible, y que sobre su inversión, su infracción, se construyan las intrigas de los relatos. El alcance de la rección es tal que está más allá de las diferencias específicas de las diversas relaciones que pueden darse.

Cerraremos este trabajo con la declaración que hizo Vargas Llosa a Luis Harss antes de que se publicara «Conversación en la catedral», sobre la situación de su país. Sus palabras se ajustan estrechamente a la visión que se desprende de esta novela: «... el Perú es un país donde las estructuras sociales están basadas exclusivamente en une especie de injusticia total que abarca todas las manifestaciones de la vida» [1].

---

(1) En *Los nuestros*, de Luis Harss, pág. 432. Editorial Sudamericana, Buenos Aires, 1968.

INDICE